JAN MICHIELS

# OPRECHT

**OPRECHTE GETUIGENIS**

| | |
|---|---|
| **Manuscript van:** | Michiels, Jan |
| **Onderwerp:** | overzicht van het politioneel vreemdelingebeleid in de zone Mechelen-Willebroek |
| **Periode:** | 1979 tot 2017 |
| **Contact:** | mechejms@gmail.com |

novum pro

Dit boek is ook als
# e-book
## verkrijgbaar.

www.novumpublishing.nl

ISBN 978-3-99131-200-0
Geredigeerd door: Ine van Gerwe
Omslagfoto:
Pascal Deloche | Dreamstime.com
Ontwerp omslag, lay-out & typografie:
novum publishing
Foto's binnendeel: zie bronvermelding
afbeeldingen blz 8

De door de auteur beschikbaar
gestelde afbeeldingen werden in de
bestmogelijke kwaliteit gedrukt.

**www.novumpublishing.nl**

**Climate neutral**
Print product
ClimatePartner.com/16547-2201-1002

Opgedragen aan **ALLE** slachtoffers van terroristisch geweld, waar ook ter wereld.

Héél speciaal voor:

» De slachtoffers van de aanslagen op de luchthaven van Zaventem en het metrostation van Maalbeek.

» Voor Hamid, Rahma en hun kinderen; zij hebben veel geleden en verdienen rechtvaardigheid, rust, respect en geluk.

» En ten slotte ook voor mijn lieve echtgenote Els en mijn familie die me steeds onvoorwaardelijk hebben gesteund tijdens deze helletocht.

We hebben ons tijdens onze politionele loopbaan steeds laten leiden door drie adagia:

*Het denken mag zich nooit onderwerpen,*
*noch aan de macht, noch aan personen,*
*noch aan een belang, noch aan om het even wat ...*
*uitsluitend aan de feiten zelf.*
*Want zich onderwerpen betekent*
*het einde van alle denken!*
(Henry Poincarré)

en:

*Diegenen die zeggen dat één standaard zou moeten*
*worden toegepast inzake de eigen burgers,*
*maar een andere zou moeten*
*worden gebruikt inzake vreemdelingen,*
*vernietigen de gemeenschappelijke*
*samenleving van het mensenras.*
(Cicero)

en ten slotte:

*"La vérité existe. On n'invente que le mensonge"*[1]
(Georges Braque, Franse Fauvistische schilder)

---

1 Vertaling: De waarheid bestaat, de leugen wordt uitgevonden

# INHOUDSOPGAVE

# VERANTWOORDING

Waarom, dit boek?

Daags na de gemeenteraadsverkiezingen van 14 oktober 2018 besloot ik dit boek te schrijven. Ik had het al wel overwogen, maar het schrijven van een boek leek wel een modetrend. Nu, ik voel me zeker geen trendvolger, wel het tegengestelde. Wat trok me dan over de streep? Mijn beslissing om het toch te doen, kan ik bundelen in drie grote redenen, namelijk:

» Welk was de reden waarom nauwkeurige informatie over een mogelijke schuilplaats van de meest gezochte terroristen ter wereld maanden opzettelijk werd achtergehouden vanuit Mechelen?
» Hamid A. was de politieman die de cruciale informatie aanleverde en hij werd niet gewaardeerd. Wel integendeel, hij werd gepest door de mensen die opzettelijk zijn informatie achterhielden. Je kan zijn lotgevallen gerust vergelijken met die van Alfred Dreyfus uit de negentiende eeuw waar ook xenofobie de drijfveer was!

De zaak zal ons voeren tot in de hoogste kringen van dit land vooral op politioneel vlak, maar ook op justitieel en politiek vlak ... De feiten zijn grof, goor, een rechtsstaat onwaardig.

» Ten slotte wil ik ook pogen een beeld te geven van hoe de politie omging met migratie, van de jaren zestig van de vorige eeuw tot na de aanslagen in Zaventem en Maalbeek.

Deze terugblik is gebaseerd op onze ervaring als politieofficier in het provinciestadje Mechelen. Er wordt ook een beeld gegeven hoe de moslimmaatschappij in het Mechelse zich ontwikkelde in die periode. Het levert ons een uniek stukje geschiedenis op.
Veel Mechelaars hebben geen flauw benul hoe de moslimmaatschappij zich hier ontwikkelde.

Tot slot voor hen die iets meer willen weten over mezelf.
Ik ben een vierenzestigjarige, geboren en getogen Mechelaar. Vanaf begin 1979 tot en met 2017 ben ik onafgebroken in dienst geweest van de gemeentelijke politie van Mechelen. Ook na de politiehervorming van 1-4-2001 ben ik Mechelen gebleven als lid van de lokale politie. Ik ken het reilen en zeilen in Mechelen, in de algemene zin van het woord.
Ik heb jarenlang gezwegen in de pers uit respect voor het onderzoek. Maar na al die jaren van zwijgen, wordt het tijd de keerzijde van de medaille te tonen. De lezer moet dan zelf maar oordelen. We gaan geen blad voor de mond houden, maar man en paard noemen en in een aantal gevallen ook bewijzen tonen.

De menselijke schade was groot: 32 mensen lieten het leven en we gaan kijken of de aanslagen misschien te voorkomen waren. En heeft de politie lessen getrokken uit de feiten, zodat ze beter zijn voorbereid?

Soms zal de tekst cursief zijn. Dit om reden dat we niet volledig vrijuit kunnen spreken zonder iemands veiligheid in gevaar te brengen of ons beroepsgeheim te schenden.
We rekenen op uw begrip.

# I

## VREEMDELINGENBELEID BIJ DE POLITIEDIENSTEN IN MECHELEN

### HET PRILLE BEGIN (1960–1980)

Over dit beleid kunnen we kort zijn. In de jaren zestig en zeventig van vorige eeuw bestond het beleid er enkel in dat de verblijfs- en vestigingsdocumenten van de vreemdelingen in orde waren, meer niet. De werklui werden "gastarbeiders" genoemd. Ze werden naar onze streken gehaald om hier te werken, ontvingen hun loon en dat was het dan. Men had geen verdere ondersteuning of begeleiding. Deze zou broodnodig zijn geweest, zeker gezien de lage opleidingsgraad van de inwijkelingen en het verschil in cultuur.

De lokale bevolking was niet voorbereid en de "gastarbeiders" evenmin. Er ontstonden spanningen tussen beide groepen. De inwijkelingen waren enkel mannen, die na de zware labeur ook wel wat ontspanning wilden en zich gingen vermaken in o.a. cafés. Hier ontstonden de eerste wrijvingen met de lokale bevolking en werd een beroep gedaan op de politie. Uit deze periode dateren de ranzige kartonnen bordjes met de tekst: "*Défendu aux Nord Africains*".

De politionele tussenkomsten bestonden toen nog in het beslechten van caféruzies, die meestal werden beëindigd met het overbrengen van de "gastarbeiders" naar het toenmalige commissariaat in de Lange Schipstraat. Van mijn vader, die toentertijd inspecteur–wachtoverste was, vernam ik later dat deze interventies meestal werden opgelost door de inwijkelingen administratief te weerhouden tot de openbare rust was weergekeerd of tot ze ontnuchterd waren. Hij vertelde me ook dat de sukkelaars steeds in de houding "geef acht" sprongen. Als ze werden aangesproken, luidde hun antwoord: 'Oui, mon chef' of 'Non, mon chef' of 'Pas compris'. Tolken waren praktisch niet beschikbaar en er werd langs beide zijden op los geïmproviseerd.

In de tweede helft van de zeventiger jaren was er welgeteld één beëdigde tolk, de in Mechelen legendarische zuster Andrea[1].

Deze zuster had zendelingswerk gedaan in Marokko en sprak Berbers, en door haar jarenlange verblijf in Marokko kende de zuster de gebruiken en gewoontes van het thuisland van onze "gastarbeiders" zeer goed. De kloosterlinge respecteerde en begreep deze mensen op een correcte wijze. De migranten vonden in de zuster een bondgenote die hun problemen trachtte op te lossen. Maar zoals aan elke medaille was er ook een keerzijde. Zuster Andrea was een godsvruchtige vrouw en drinken, vechten, huiselijk geweld of, erger nog, overspel konden volstrekt niet. O wee, de Marokkaanse man die zich schuldig maakte aan één van deze misdrijven. De mannen hadden meer schrik van de zuster dan van de rechter. Toen ik als beginnend wachtofficier begin jaren tachtig van de vorige eeuw een relatief zwaar geval van huiselijk geweld binnen een Marokkaans gezin te behandelen kreeg, smeekte de man me op zijn knieën niet "de zuster" te vorderen, als tolk. Hij zou royaal een tolk uit Antwerpen betalen ... Ik heb de man moeten teleurstellen. Hij heeft de donderpreek van de zuster in het Berbers moeten doorstaan tot het bittere einde toe.

Ik herinner me nog een plezierige anekdote: ik diende een Marokkaanse bestuurder te verhoren die met zijn voertuig achter op een ander voertuig was ingereden in de Rue d' Aarschot aan het noordstation te Brussel. De man ontkende in alle toonaarden, het was zijn voorganger die achteruitreed. Zuster Andrea

---

1 Andrea Vernaeve was een kloosterlinge bij de Grauwe Zusters (in de Mechelse volksmond de grijze nonnen genoemd). In die periode gingen schoorvoetend de eerste Maghreb- jongeren naar de jeugdbeweging Jenno, gevestigd in de gebouwen van de Grijze Zusters.

vond de uitleg van de man nogal "raar" en vroeg me wat nadere uitleg. Ik heb de zuster dan uitgelegd, dat de straat zeer gekend was voor raamprostitutie. De man kreeg een heftige uitbrander in het Berbers en verklaarde nederig dat hij "per ongeluk" in het voertuig van zijn voorganger had gereden.

Zuster Vernaeve is ons spijtig genoeg veel te vroeg ontvallen, dit midden in de jaren tachtig. Zij liet op dat ogenblik een grote leemte achter, zowel voor de toenmalige Maghreb-gemeenschap als voor de politie en justitie. Zuster Vernaeve vroeg voor haar diensten aan Vadertje Staat nooit enige vergoeding, alle kosten vielen ten laste van haar baas (pro Deo). Alle Maghrebijnen uit de eerste generatie en de politiemensen van de gemeentelijke politie Mechelen denken zeker met een warm nostalgisch gevoel terug aan de zuster en haar verdiensten.

Zoals reeds gezegd, beperkte het politioneel vreemdelingenbeleid zich in de eerste jaren enkel tot wettelijk in regel zijn met de verblijfskaarten. Politiemensen in opleiding moesten instuderen hoeveel soorten verblijfskaarten er waren en aan welke voorwaarden men moest voldoen om een kaart te krijgen. Hoe met migranten moest omgegaan worden, was geen politionele prioriteit. Woorden als diversiteit en acculturatie moesten nog uitgevonden worden.

In de jaren 1960-70 waren het vooral mannen alleen die naar hier kwamen om te werken. Het plan was aanvankelijk om slechts tijdelijk te blijven om te werken en nadien terug te gaan naar het thuisland. Ook wanneer er geleidelijk aan gezinnen werden gevormd, werd ook nog gedacht dat het verblijf in België niet permanent zou zijn. De integratie werd hierdoor niet bevorderd.

Door de eerste oliecrisis in 1973, waar de OPEC-landen[2] de olie-kraan hadden dichtgedraaid, veranderde het wereldbeeld. In België en in gans West-Europa vond men dat de migratie uit het zuiden moest stoppen, men had het saturatiepunt bereikt, meende een grote groep. Door de crisis was er ook geen werk meer voor de gastarbeiders. In 1974 werd een strenge migratiestop ingevoerd en ontstonden de eerste ideologische migratiedebatten.

In Mechelen was de stedelijke vreemdelingendienst sinds zijn oprichting in de jaren zestig van de vorige eeuw tot 2001 ondergebracht bij de gemeentelijke politie. Dat dit gebeurde voor zo'n lange periode is eerder uitzonderlijk. Het vreemdelingenre-gister behoort namelijk tot het domein van de bevolkingsdienst.

Voor de politie was de Mechelse opdeling wel handig, zo had-den we als politiedienst de volgende voordelen: alle vreemdelin-gen waarvan de verblijfskaart verlopen was, moesten langs het commissariaat komen, en hierdoor konden we een quasi perfecte controle op de verblijfs- en arbeidsvergunningen uitvoeren. Wij hadden 24/24 toegang tot het vreemdelingenregister.

Er waren op de vreemdelingendienst steeds twee politie-agenten werkzaam, die hierdoor een jarenlang expertise en een vertrouwensrelatie opbouwden.

In die jaren waren er drie politiediensten actief. De rijkswacht, toen nog een onderdeel van het leger met districten en brigades verspreid over het hele grondgebied van het rijk, de gerechtelijke politie met één eenheid in elk gerechtelijk arrondissement, en de gemeentepolitie waar ik deel van uitmaakte.

Sommigen onder u zullen zich afvragen: wat deden de vroegere rijkswacht en gerechtelijke politie in Mechelen op het vlak van po-litioneel vreemdelingenbeleid? Wel, ik kan hierover kort en bondig zijn door de befaamde quote van de wielrenner Alberto Contador te citeren: '0,00 00 00 00 00 5'. Verdere commentaar overbodig.

---

2 OPEC: Organization of Petroleum Exportation Countries, opgericht in 1960 in Bagdad. Stichtende leden waren Saoedi-Arabië, Venezuela, Ku-weit, Irak

Het ligt hier niet in mijn bedoeling om een polemiek te beginnen met de oud-rijkswachters. Ik moet ruiterlijk toegeven dat de quote van de wielrenner op andere domeinen dan weer kon gelden voor de oud-gemeentepolitie. In Mechelen kwamen op zeer regelmatige basis zowel de rijkswacht als de gerechtelijke politie info inwinnen bij de wijkpolitie en de vreemdelingendienst.

Migratie is en was als het ware een levende materie, migranten zochten steeds een weg om niet in de illegaliteit terecht te komen. Hierdoor doken er steeds nieuwe fenomenen op, waar noch de politie, noch de maatschappij concrete en correcte antwoorden op had (schijnhuwelijken, asiel, artikel 9 van de latere Vreemdelingenwet, enzovoorts).

## DE VUILE OF LODEN JAREN[3]
### (DE TACHTIGER JAREN VAN DE VORIGE EEUW)

Op politioneel vlak was deze periode toch wel bijzonder. In het begin van de jaren tachtig voelden we nog sterk de gevolgen van het toenmalig politiek extremisme, zeg maar politiek terrorisme uit de jaren zeventig. Je kan gerust de toenmalige angst vergelijken met de angst en onrust die er heerste tijdens de opkomst van het kalifaat. Er was angst voor de aanslagen, politieke moorden en ontvoeringen.

De belangrijkste politieke terroristen waren: de Rote Armee Fraction (West-Duitsland), Action Directe (Frankrijk), de ETA (Spanje), de Rode Brigades (Italië), de I.R.A. (Verenigd Koninkrijk)

---

3 In Marokko situeren de jaren van lood zich tussen 1960 en 1990 en het betreft de regeerperiode van koning Hassan 2. Deze smoorde alle tegenstand in de kiem. De Riffijen in het noorden van Marokko werden in het bijzonder geviseerd.

en ten slotte de C.C.C. (Cellules Communistes Combattantes) in ons land. De terroristen pleegden in Europa talrijke aanslagen en moorden. Zelfs in het kleine Groothertogdom Luxemburg werden bomaanslagen gepleegd. De zaak is daar gekend als het bommeleeër[4] dossier. Op deze wijze creëerden ze een sfeer van angst en onzekerheid, deze terroristen opereerden in landen van oorsprong. Er waren ook wel bindingen tussen deze groepen onderling, zo was er een link tussen de C.C.C. en het Franse Action Directe. Het bestrijden van dit fenomeen was de absolute politionele topprioriteit.

In die periode stak ook nog een ander monster de kop op, namelijk de terreur van de bende van Nijvel. Uit de loop van hun wapens kwam veel "lood" en er vielen onschuldige slachtoffers.

Ik herinner me nog levendig deze periode, de bende sloeg meestal in het weekend toe. Als piepjonge wachtofficier deed ik toen regelmatig weekenddiensten en ik diende mijn toenmalige assistent tijdens de weekends af te staan voor acties. Hij was toen een van de beste of misschien wel de beste schutter van ons korps.

Het weekend na de bloedige aanslagen in Aalst waren we beiden van dienst. Hij lag gewapend met het enige scherpsschuttersgeweer dat we hadden op het dak van het Mechelse Delhaize-filiaal en ik deed mijn wachtdienst.

Uiteraard werden de activiteiten van de bende van Nijvel binnen politiemiddens druk besproken. Iedereen binnen de politie was ervan overtuigd dat deze bloeddorstige moordmachines uiterst koelbloedig te werk gingen en supergoed waren in de omgang met wapens. Menig politieman had de innerlijke overtuiging dat de leden van deze zogenaamde bende niet behoorden tot de reguliere misdaadscene maar daarbuiten stonden.

---

4 Volgens sommige bronnen is er een verband tussen het Bommeleeër dossier en de Bende van Nijvel. In 2014 moesten twee politiemensen (Rijkswacht) zich verantwoorden voor de rechtbank.

Later ontstonden er geruchten over de betrokkenheid van politiemensen, deze geruchten werden steeds sterker en wezen in de richtingen van de rijkswacht.

Feit is zeker dat deze daden ook wel een extremistische, ja zelfs een terroristisch signatuur droegen.

## PERIODE 1980 TOT 2001

Met de korte uiteenzetting over de jaren van lood wilden we een tijdsbeeld geven waarin de politie werkte. Het hoeft geen betoog dat de multi-culturaliteit in dit tijdsbeeld geen gunstige voedingsbodem vond. Algemeen gesproken zag men het meer als een last dan als een meerwaarde. En toch was dit decennium belangrijk, namelijk om twee redenen:

» het invoeren van de vreemdelingenwet op 15 december 1980 en
» de aanstelling van een Koninklijk Commissaris voor het Vreemdelingenbeleid.

Maar laten we beginnen bij het begin.

De vreemdelingenwet van 15 december 1980 was een echte mijlpaal en bood aan de administratie en politiediensten op verblijfsvlak, een antwoord op een deel van de toenmalige problematieken. Wat er leefde binnen de migrantengemeenschap was zeker nog geen issue op politioneel vlak, niet in Mechelen en ik meen te mogen stellen evenmin op federaal vlak. Daar zou pas verandering in komen in 1989, met de aanstelling van een koninklijk commissaris[5] voor migrantenbeleid. Maatschappe-

---

5 Koninklijk commissaris voor Migrantenbeleid was mevrouw Paula D'Hondt.

lijk werd de aanstelling van de koninklijk commissaris niet in brede kringen gedragen, dit geldt zeker ook binnen politionele middens ...

Ondervonden wij eerstelijns politiemensen op straat iets van deze aanstelling? Neen, niet echt, ik herinner me nog levendig dat ik en mijn ploeg naar een korte opleiding moesten gaan, uitgaande van de koninklijk commissaris. Mijn (onze) politiemensen vonden het geen leuk vooruitzicht. Ik moest toen enkele malen tussenbeide komen wegens "ongepaste" opmerkingen van politiemensen. Over de opleiding circuleert een filmpje op Facebook.[6] Het filmpje is zeer leerrijk over hoe de politie dacht en handelde over migranten. Eerlijkheidshalve moet ik wel toegegeven dat de cursus niet echt boeiend was, men kon deze omschrijven als amateuristisch en vol goede bedoelingen, maar dat was het dan ook. Politiemensen kregen geen tools om hun omgang met de Marokkaanse gemeenschap te verbeteren en deze gemeenschap bleef ook in de kou staan. Ook vanuit hun middens kwamen niet echt toenaderingspogingen.

Na de val van de Berlijnse Muur in 1989 kregen we nog een sterke migratie vanuit het voormalige Oostblok. Op het terrein werd het voor de politiediensten nog complexer. Het fenomeen huisjesmelkerij kende een explosieve groei. Ook maatschappelijk groeiden de problemen.

Een tegenreactie was zwarte zondag in 1991. In mijn omgeving kon ik vaststellen dat er een aantal collega's keken in de richting van het toenmalige Vlaamse Blok. We moeten hier niet flauw over doen, sommigen trachten een uitleg te geven door deze tendens uit te leggen als een frustratiereactie. Maar voor alle duidelijkheid: het 70-punten-programma van deze partij werkt niet oplossend, wel integendeel.

De oprichting van het centrum voor gelijkheid van kansen en racismebestrijding in 1992 zou een dam hebben moeten opwerpen tegen de steeds groeiende maatschappelijke onver-

---

6 Betreft een fragment uit het televisieprogramma Stripties uit 1991.

draagzaamheid. Of ze daarin geslaagd zijn, zullen we verder in dit boek bespreken.

In Mechelen zag men als centrumstad de asielzoekers toestromen, onze stad ligt op de as Brussel-Antwerpen juist in het midden. De asielzoekers werden in de buurt van het station opgewacht door huisjesmelkers, die hun contractjes aanboden voor een kamer en hen verder begeleidden naar het OCMW (Openbaar Centrum voor maatschappelijk welzijn). Vervolgens brachten ze deze mensen naar hun ranzige kamertjes. De asielzoekers werden dan aan hun lot overgelaten, de huur voor de kamer werd toen rechtstreeks op de rekening van de huisbaas/huisjesmelker gestort door het OCMW. Sommigen van hen werden slapend rijk, ze ontvingen enkele duizenden euro's per maand. Deze vorm van mensenhandel floreerde zeer goed in de grote steden. De stedelijke politie en vreemdelingendienst hadden een perfect zicht op dit fenomeen in onze stad. De reden hiervoor was simpel, de asielzoekers moesten zich aanbieden met het huurcontract om ingeschreven te worden. We moeten toegeven dat er noch op politioneel, noch op administratief vlak veel gedaan werd. Het zou nog enkele jaren duren voor men dit fenomeen ging aanpakken.

Midden de jaren negentig werd gans het land opnieuw zwaar geschokt door de affaire Dutroux.

Het politieapparaat daverde andermaal op haar grondvesten en kreeg terecht bakken kritiek over zich heen. Een parlementaire onderzoekscommissie onder leiding van Marc Verwilgen kwam tot het besluit dat één van de toenmalige politionele blunders het niet-uitwisselen van cruciale informatie was, dit met verschrikkelijke gevolgen ...

Merkwaardig dat bijna twintig jaar later een identiek scenario zou gebeuren.

De zware politionele crisis op het einde van vorige eeuw luidde het einde in van de gemeentepolitie, de gerechtelijke politie en de rijkswacht.

We wensen ook nog even aan te stippen dat Mechelen door sommigen in die periode werd omschreven als het "Het Chicago aan de Dijle". Ik heb bijna 40 jaar onafgebroken in Mechelen gewerkt als politieman en dit op alle echelons. In het verleden moesten we als politiemensen onze lippen stoïcijns op elkaar houden als zulk fake news de wereld werd ingestuurd.

Voor de eeuwwisseling had Mechelen problemen. Maar deze problemen waren niet groter of kleiner dan andere centrumsteden, het behoorde gewoon tot het tijdsbeeld.

De Chicago aan de Dijle-vergelijking en de opkuis van Sint Jans Molenbeek zijn kwakkels. Het is het werk van mensen, die situatie misbruiken in plaats van ze echt te willen oplossen. Het richtte schade aan en loste niets op!

Voilà, ik heb mijn punt gemaakt en op nu naar de geïntegreerde politie.

Op 1 april 2001 ontstond de nieuwe geïntegreerde politie waarvan ik deel mocht uitmaken.

## HET ONTSTAAN VAN DE CEL VREEMDELINGEN IN 2001

Enkele maanden na het creëren van de geïntegreerde politie werd ik in het najaar van 2001 diensthoofd van de wijkpolitie van Mechelen.

Op dat ogenblik zeker niet het meest begeerde postje in het hervormde politielandschap, wel integendeel. Men zag het als een uitboljob. De wijkpolitie werd beschouwd als het ouderlingenthuis van de politie. Er werd neergekeken op de wijkpolitie; de functie van rechercheur was en is zeer gegeerd. Dit had verschillende oorzaken, rechercheurs genoten goede vergoedingen, ze opereerden in burgerkledij en onderzochten alleen belangrijke zaken. Wijkinspecteur was en is nog steeds één van de minst aantrekkelijke jobs, zonder rijkelijke vergoedingen. De wijkagent was en is nog steeds de meid voor alle werk. Men kan de wijkagent gerust de "de allochtoon" in het politielandschap noemen. Daarbij kwam nog dat enkel de gemeentelijke politie-ervaring had met de wijkwerking. Wijkwerking behoorde niet tot het ta-kenpakket van de voormalige rijkswacht en gerechtelijke politie. Beide hadden op dit vlak geen expertise.

In de pers werd door politici de wijkagent opgevoerd als een belangrijke actor tussen de bevolking en de autoriteiten. Zowel op bestuurlijk als juridisch vlak. Men had een tijdje voor de poli-tiehervorming overwogen om met een sterke financiële premie de functie van wijkagent aantrekkelijker te maken.

Wat bleek na de hervorming; de grote denkers die de poli-tiehervormingen hadden uitgewerkt, waren de wijkpolitie to-taal vergeten. Oompje wijkagent stond alleen verkleumd in de kou ... Het hoeft geen betoog dat deze verlichte geesten niet uit de gemeentepolitie kwamen.

Alvorens mijn kandidatuur te stellen als diensthoofd van de wijkpolitie had ik enkele lange gesprekken met mijn vader, gepensioneerd wijkinspecteur.

Bij mijn aanstelling als diensthoofd heeft hij me bij de op-start van de wijkwerking binnen lokale politie Mechelen, nog enkele jaren kunnen steunen tijdens de moeilijke beginperiode.

Het belangrijkste punt uit onze brainstorm was en is dat een goede wijkwerking zeer sterk met de diversiteit van de maat-schappij rekening moet houden. Heel gemakkelijk gezegd, maar dit uitvoeren in een maatschappij, die sterk getraumatiseerd is, dat was iets anders. De zwarte zondag[7] en de aanslagen van 9/11 zorgden als het waren voor maatschappelijke "traumati-sche syndromen".

Dergelijke feiten hadden invloed op alle lagen van de maat-schappij en versterkten de segregatie.

In deze periode was er binnen de wijkpolitie een klein groep-je inspecteurs die zich bezighielden met de thematiek van diversiteit.

---

7 Zwarte zondag was op 24 november1991: het toenmalige Vlaams Blok boekte een grote verkiezingsoverwinning bij de federale verkiezingen.

## STRATEGISCH SEMINARIE IN HET SPORTPARK DE NEKKER

In het voorjaar van 2004 startte in het sportpark De Nekker een strategisch seminarie in opvolging van het eerste strategisch seminarie in het domein Planckendael.

In dit seminarie werd het eerste zonaal veiligheidsplan(zvp) van de politiezone Mechelen gefinaliseerd.

Na lobbyen en promoten van ons werk en inzichten op het domein van de vreemdelingenthematiek, kon ik een deel van mijn toenmalige collega-officieren overtuigen dat de thematiek opgenomen werd in het zonaal veiligheidsplan als één van de prioriteiten. Dit liep niet van een leien dakje, het woord diversiteit lokte bij sommige collega's een allergische reactie. Er werd dan maar geopteerd voor correcte toepassing van de vreemdelingenwet. Ik dacht toen "what's in a name". Ik had het gehaald, zij het maar met de hakken over de sloot.

Ik was en ben de toenmalige korpschef Van Daele Ronny en een deel van mijn toenmalige collega's nog altijd dankbaar voor hun inzicht, begrip en de geboden kans. Ik heb deze met twee handen vastgegrepen en nooit meer losgelaten.

Samen met twee collega's schreven we het zonaal actieplan "Politioneel vreemdelingenbeleid in de zone Mechelen 2005-2008".

De fenomenen van dit Mechelse actieplan waren illegale immigratie, schijnhuwelijken en de responsabilisering van de allochtone en autochtone gemeenschappen.

Het nationale veiligheidsplan (N.V.P.) behandelde de fenomenen: illegale immigratie, mensenhandel, mensensmokkel en terrorisme.

Het grote verschil tussen de twee plannen was het feit dat wij in Mechelen bruggen wilden bouwen naar de allochtone en autochtone gemeenschappen en hen zagen als volwaardige partners. En voor alle duidelijkheid: ik bedoel hier strikt vanuit onze politionele werking.

# DE PERIODE 2001 TOT 2015

Wanneer in de vijftiger, zestiger en tachtiger jaren van de vorige eeuw migratiestromen[8] op gang kwamen, ontstonden er specifieke fenomenen, die hieraan gelieerd waren. Dit zowel bij de inwijkelingen als bij de oorspronkelijke bewoners. De studie van de fenomenen die ontstaan bij het samensmelten van twee culturen noemt men **acculturatie**. Dit woord heeft een sleutelpositie gehad binnen de werking van de cel Vreemdelingen van de lokale politie Mechelen.

Binnen de cel hadden we ons voorgenomen een vroege detectie van de fenomenen uit te werken met uiteraard oog voor de daders en ook voor de slachtoffers. Gemakkelijker gezegd dan gedaan, we hadden hiervoor sterke externe partners nodig. Van bij het begin van onze werking werd gestreefd naar het uitbouwen van netwerken en het aantrekken van vertrouwensmensen bij de gemeenschappen in Mechelen.

Hoe gingen we dit aanpakken? Wel, hiervoor gingen we ons verdiepen in de sociaal- culturele achtergronden van de Maghrebijnen. Wanneer we deze basiskennis vergaard hadden, konden we het gedrag van deze mensen veel beter kaderen en begrijpen. Wij probeerden hen uit te leggen hoe politie en justitie werkten. Hierdoor groeide het wederzijds respect en vertrouwen. Dan kwam de volgende stap die moeilijkste was.

Ons wettelijk referentiekader vergelijken met het Maghreb-referentiekader en dan tot een gezamenlijk referentiekader te komen. Dit lijkt misschien gemakkelijk, maar in de praktijk is dit moeilijk.

In onze opstartfase konden we rustig onze inzichten in de praktijk brengen, dit met vallen en opstaan. Soms waren we ont-

---

8 Eind de jaren vijftig hadden we inwijking vanuit Spanje, Italië later vanuit Noord-Afrika. Toen in juni 1989 de Berlijnse muur viel was dit het signaal voor een migratiestroom vanuit het oosten.

goocheld in onze partners, een andere keer zij in ons. Maar we kunnen met gerust gemoed stellen dat we nooit ons vertrouwen in elkaar verloren. Pas na enkele jaren begon onze werkwijze zijn eerste vruchten af te werpen. Wanneer ons project op kruissnelheid kwam, hadden we uitstekende relaties uitgebouwd met de Mechelse Maghreb-gemeenschap.

Het hoeft niet gezegd te worden dat deze visie een langetermijnvisie betrof. De politionele wijkwerking en de cel Vreemdelingen waren hiervoor uitermate geschikt als laagdrempelige eerstelijnspolitie.

Maar zoals aan elke medaille was er ook een keerzijde; aan deze wetmatigheid konden we niet ontsnappen. Het was geen sant in eigen land zoals het spreekwoord zegt. We kregen tegenwind van een groep mensen die het polariserend model "wij/zij" hanteerden; hun onterecht verwijt was dat we te dicht bij de Mahgreb gemeenschap stonden.

Voor ons zonaal actieplan, 'het correct toepassen van de vreemdelingenwet', hadden we zoals reeds eerder vermeld, ervoor gekozen om de toen heersende fenomenen aan de pakken. Elk fenomeen werd gecoördineerd aangepakt met de Maghreb-gemeenschap en met verschillende externe partners indien nodig. Er werd ook geopteerd, indien mogelijk, het fenomeen zowel op gerechtelijk als administratief vlak aan te pakken. Vaak was de administratieve aanpak veel sneller en doeltreffender dan de gerechtelijke aanpak. Een voorbeeld hiervan waren de administratieve boetes, bij vaststelling van zwartwerk door illegale werknemers. De boetes werden bepaald door de administratie en onmiddellijk invorderbaar. De dader kreeg al onmiddellijk na de vaststelling lik op stuk. Soms was er ook ruimte voor overleg en preventie.

Deze aanpak werd niet gesmaakt door de zogenaamde crime fighters; zij waren voor lik-op-stukbeleid.

Ik wil even meegeven dat er verschillende soorten politiemensen zijn: open mind en empathische flikken, anderen die strikt hun werk deden conform de letter van de wet en tenslotte waren er, zoals reeds aangehaald, de crime fighters die het confrontatiemodel hanteerden. Welke groep de grootste is laat ik in het midden.

Eén ding kan ik wel aangeven; met de politiemensen die het confrontatiemodel hanteerden had ik geen goede verhouding. Aanvankelijk beperkte de kritiek zich tot verdachtmakingen in de orde van dat we informatie achterhielden en te dicht bij de Maghreb-gemeenschap stonden. In een later stadium werden de aanvallen persoonlijker en in een eindstadium ging ze onze informatie niet doorsturen en uitte men valse en zeer kwaadaardige beschuldigingen. Maar daarover later meer.

## OVERZICHT VAN DE AANPAK VAN FENOMENEN

### *ILLEGALITEIT*

» Illegaal verblijf op het grondgebied van Mechelen

Alle data qua illegaal verblijf werden korpsbreed geanalyseerd, wat nauwkeurige beeldvorming opleverde van het aantal illegalen op het grondgebied van de politiezone. De analyse bestond uit:

» het land van herkomst van de illegaal;
» de genomen beslissing door de dienst vreemdelingenzaken;
» de eventuele samenhang met andere misdrijven9.

---

9 In dit geval kunnen we stellen dat het aantal illegalen binnen de toenmalige pz. Mechelen laag was.

Vanaf 2002 vertegenwoordigden we samen met de stedelijke vreemdelingendienst onze stad bij het pilootproject[10] van de toenmalige minister van Binnenlandse Zaken Dewael. Het doel van dit project was de samenwerking tussen de federale dienst vreemdelingenzaken en de lokale besturen te verbeteren.

Via dit forum konden we onze werking toelichten bij de federale vreemdelingendienst en ontstond er een kruisbestuiving tussen de lokale en federale diensten.

Binnen de Maghreb-gemeenschap hielden we ook pleidooien tegen de illegaliteit. Zij zagen illegaliteit niet als een misdrijf, maar ze hielpen een broeder. Wij trokken dan de vergelijking dat binnen de Vlaamse gemeenschap zwartwerk niet werd aangezien als een misdrijf. In beide gevallen waren het misdrijven.

We legden uit dat er geen ziekteverzekering, geen kans op maatschappelijke integratie bestond, dat ze gewoon geen rechten hadden. De illegalen waren slachtoffers die niet echt uitzicht hadden op een fatsoenlijk bestaan. We lichtten de gemeenschap in dat er een organisatie bestond, I.O.M. die hielp bij vrijwillige terugkeer.[11]

Vanuit onze werking konden we de illegale migratie nauwkeurig meten en hadden we zicht op het ontstaan van nieuwe fenomenen. Soms konden ook zorgen voor een beetje sturing.

---

10 Aan dit project werkten langs Nederlandstalige kant mee: Hasselt, Aalst, Oostende en Sint-Jans–Molenbeek. In een later stadium werd stad Antwerpen nog toegevoegd.
11 I.O.M. is de afkorting van International Organization of Migration. Het is een internationale organisatie die werkt onder auspiciën van de U.N.O. Illegalen kunnen volledig vrijwillig teruggaan naar hun vaderland en krijgen een kleine geldsom en in sommige landen krijgen ze nog bijstand.

## CONCLUSIE

Het fenomeen illegaal verblijf is en zal een maatschappelijk fenomeen blijven, dat men niet kan uitroeien. Mensen op de vlucht en op zoek naar een beter leven zijn moeilijk te stoppen. Ze zullen steeds, zoals water, hun weg zoeken naar een beetje geluk. We moeten het probleem bij de wortel aanpakken, met name in de landen van herkomst. Misschien kan men de federale dienst ontwikkelingssamenwerking samenbrengen met het staatsecretariaat Asiel en Migratie. Zo kan men de landen die effectief iets willen doen aan de illegale migratie ondersteunen met ontwikkelingssamenwerking om de mensen daar werk te verschaffen.

Ook belangrijk is het verschaffen van informatie over leven en werken in Europa. In sommige landen kent men enkel de succesverhalen. Diegenen die zeer hard moeten werken in verschrikkelijke omstandigheden in de illegaliteit, uitgebuit worden als sekswerker, verblijven in krotten en behandeld worden als slaven worden niet gehoord. Misschien kunnen hun verhalen ook onder de aandacht gebracht worden in de thuislanden om mensen te waarschuwen voor de risico's van emigratie.

Zolang men het probleem niet bij de wortel kan aanpakken, moet men zeker de migratie meten en trachten te sturen. Aan de hand van deze verkregen info kan men dan een beleid ontwikkelen.

Kort en krachtig: een zogenaamd push-backbeleid is niet probleemoplossend.

Migratie is niet toevallig één van de hoofdbekommernissen van de Europese commissie. Er is geen gemeenschappelijke visie. De zuidelijke landen waar de meeste kandidaatmigranten naartoe komen, voelen zich in de steek gelaten door de andere landen. Oost-Europese landen wensen geen vluchtelingen op te nemen en kunnen hiertoe niet gedwongen worden. Er is geen gemeenschappelijke visie over de toegelaten migratie; een systeem van "greencards" zoals in de VS bestaat, wordt overwogen, maar er is geen gemeenschappelijke visie.

De familiehereniging en de daaraan gekoppelde samenwoonst was ook bij de aanvang van ons project een migratiekanaal dat onder druk stond.

Binnen het reeds vermeld pilootproject met de federale dienst vreemdelingenzaken speelde stad Mechelen en de cel Vreemdelingen van de lokale politie een voortrekkersrol in het hervormen van het instrumentarium om de samenwoonst te controleren.

In samenwerking met bureau F van de dienst vreemdelingenzaken werd een document ontwikkeld dat gebruiksvriendelijk was voor alle gebruikers. Er was ook een mogelijkheid tot verschillende hercontroles. In november 2005 verscheen het voorstel tot hervorming in het staatsblad.

Vanaf toen moest de controle over gans het grondgebied op dezelfde manier gebeuren, wat daarvoor niet het geval was.

In Mechelen werd in die periode de wijkagent aangesteld voor de allochtone gemeenschap. Zijn doelgroep was de gemeenschap zelf, hij opereerde over gans het Mechels grondgebied. Zijn taak bestond er onder andere in deze controles gestandaardiseerd uit te voeren. Deze werkwijze leverde op termijn een heuse schat op aan gegevens. Zo hadden we een duidelijk en nauwkeurig zicht op een deel van de wettelijke migratie, de landen van herkomst en de levenswijze van de families. Kortom, goed uitgevoerde samenwoonstcontroles waren als het ware een soort passe partout om deze vorm van migratie correct te controleren. Er werd ook samengewerkt met sociale huisvestingsmaatschappijen (Mechelse Goedkope Woningen en de Duffelse Sociale Huisvestingsmaatschappij om de controles optimaal uit te voeren.)

Alle nazichten tot samenwoonst die negatief bleken te zijn, ressorteerden in een dossier schijnhuwelijk.

## Conclusie

De samenwoonstcontrole is een zeer belangrijk gegeven in de controle op het instroombeleid. Door deze controle correct en objectief uit te voeren heeft men een juist en humaan instroombeleid. Door het instroombeleid te controleren kan men sturen. Wanneer er een zwakkke of erger nog geen controle is ondergaat men gewoon de instroom.

Deze samenwoonstcontrole is ook "het wapen" tegen sociale fraude.

## Nazichten artikel 9
### BIS VAN DE VREEMDELINGENWET
### 15.12.1980

Is een aanvraag om uitzonderlijk verblijf te bekomen. Vaak wordt dit ook een humanitaire regularisatie genoemd.

Voor alle duidelijkheid willen we opmerken dat er wel een duidelijk verschil is met de humanitaire visa, waardoor mijn stad andermaal door de zaak Melikan Kucam in een slecht daglicht kwam te staan. Ik zal op het einde van deze paragraaf mijn zienswijze op de zaak geven.

Het artikel 9 bis wordt en werd door sommige de "vloermat" van de vreemdelingenwet van 15.12.1980 genoemd. Ik kan niet ontkennen dat er veel misbruiken zijn geweest met dit artikel, maar ik behoor niet tot de groep die het artikel een vloermat noemde.

De voorwaarde om een machtiging tot uitzonderlijk verblijf te krijgen, dienden binnen het politionele luik slechts twee controles te gebeuren, meerbepaald:

» me moest beschikken over een geldig identiteitsdocument
» de aanvraag tot regularisatie diende ingediend te worden bij het gemeentebestuur waar men verbleef. Bijgevolg was een adrescontrole nodig.

De cel Vreemdelingen behandelde deze aanvragen tot toepassing van artikel 9 bis snel, dit binnen een termijn van acht werkdagen. De grondige, correcte nazichten op de respectievelijke adressen waren van primordiaal belang. Wanneer de aanvrager niet op het opgegeven adres verbleef, werd door de dienst vreemdelingenzaken in Brussel het dossier niet meer verder behandeld en was bijgevolg de aanvraag negatief. We kunnen hier stellen dat bij onze politiecontroles in 25 procent van de gevallen de aanvrager niet op het opgegeven adres verbleef.

Gelet op de belangrijkheid van deze vaststelling hadden we binnen de cel Vreemdelingen afgesproken dat steeds twee leden van de cel tot een negatief besluit moesten komen, dit onafhankelijk van elkaar.

Tevens werden de identiteitspapieren van de aanvragers aan een grondige controle onderworpen, niet op geldigheid maar enkel op echtheid. Niet zelden werd contact opgenomen met de ambassade of het consulaat van het land van herkomst, ter controle van de documenten.[12]

Deze werkwijze was arbeidsintensief, maar het resultaat leverde een belangrijke maatschappelijke meerwaarde op.

---

12  Dit werd niet gedaan als betrokkene uit een asielprocedure kwam.

We kunnen dit duidelijk illustreren met volgend cijfermateriaal van de uitgevoerde controles in de periode van 2002 tot en met 2005:

» in 2002 werden 121 positieve en 43 negatieve adrescontroles uitgevoerd
» in 2003 werden 295 positieve en 75 negatieve adrescontroles uitgevoerd
» in 2004 werden 396 positieve en 104 negatieve adrescontroles uitgevoerd
» in 2005 werden 454 positieve en 120 negatieve adrescontroles uitgevoerd totaal positieve 1266, en negatieve 446. Dus afgerond 26 procent van de controles was negatief.

Door deze grondige controle werd illegale migratie tegengegaan en op jaarbasis verschillende tienduizenden euro's bespaard op sociale uitgaven.

Het artikel 9 bis was en is geen vloermat van de vreemdelingenwet, maar een nuttig artikel, dat men verstandig moet gebruiken.

## CONCLUSIE

Dit artikel kan best gebruikt worden, maar kan ook aanleiding geven tot misbruiken. Bij een grondige en correcte eerste controle viel reeds 25 procent door de mand. Mogelijke frauduers zullen deze regularisatieweg niet gebruiken als ze weten dat er een strenge controle is, dat lieten de cijfers in Mechelen duidelijk zien.

## DE ZAAK MELIKAN KUCAM

Vooreerst voor alle duidelijkheid: bij het uitbreken van de zaak was ik niet meer actief binnen het korps van Mechelen. Ik heb vanaf de zijlijn de zaak met bijzondere aandacht gevolgd.

Via de pers vernam ik dat eind september 2018 dat er zich bij de Mechelse burgemeester een klokkenluider uit de Chaldeeuwse-Assyrische gemeenschap had aangeboden. Een tijdje later gevolgd door een tweede. Een hele tijd later bracht het televisieprogramma Panno een uitzending over het fenomeen humanitaire visa, en de bal ging aan het rollen.

De feiten verbaasden me totaal niet.

In 2002 had ik een akkefietje met dezelfde verdachte en dit ging als volgt.

*Iemand met een voorbeeldfunctie binnen de stad wenste te huwen met een illegale partner. Ik stelde de illegale partner voor de toepassing van artikel 9 bis te vragen, zodat de partner toch niet illegaal was, maar in procedure.*

*Mijn voorstel werd bot weggelachen. Enkele dagen werd de partner opgesloten in het centrum 127 bis te Steenokkerzeel. In de grote consternatie verscheen Melikam Kucam op mijn bureel, hij had zichzelf benoemd tot bemiddelaar in de zaak. Hij klopte me op de schouder en zei letterlijk: "Mijnheer Michiels, wij christenen verstaan mekaar, wij zijn niet zoals de moslims." Ik heb de man laten uitspreken en heb hem dan onmiddellijk mijn bureel uitgeleid, met de mededeling dat voor ons alle mensen gelijk zijn.*

*Betrokkene verzekerde me toen dat de zaak een staartje zou krijgen; hij beschikte naar eigen zeggen over de nodige invloed op het stadhuis.*

*En voor hen die het interesseren: ja, ik heb de duimen moeten leggen tot tweemaal toe, maar niet zonder slag of stoot …*

Ik vond en vind het nog zeer merkwaardig dat een staatssecretaris er prat op gaat dat hij christenen uit klauwen van IS heeft gered. Op zich is daar niets mis mee, maar waren alleen christenen in gevaar bij IS Neen, iedereen die het moorddadig regime van de terroristen niet steunde, was in gevaar. Een staatssecretaris in functie die discriminerende beslissingen nam tegen andersdenkenden? Merkwaardig, zeer merkwaardig. En al even merkwaardig was dat de tandem Francken/Kucam, die zonder enige controle de humanitaire visa konden afleveren.

## MENSENHANDEL

Het fenomeen mensenhandel is een zeer complex domein, waarin de exploitatie van de wakkere mens het belangrijkste bestanddeel is. Het misdrijf beperkt zich niet tot het domein van de immigratie, maar ook mensen in kansarmoede kunnen het slachtoffer zijn. We geven een kleine, niet limitatieve opsomming:

» illegale tewerkstelling, schijnhuwelijken, huisjesmelkerij, gedwongen prostitutie en huisslavernij.
» Mensensmokkel gaat in een aantal gevallen hand in hand met mensenhandel.
» Mensensmokkel is het smokkelen van mensen over landsgrenzen tegen betaling van grote sommen geld. Door zijn ligging is België is een zeer belangrijke route voor mensensmokkel naar het Verenigd Koninkrijk.

We gaan enkele praktijkvoorbeelden in de politiezone Mechelen delen.

Eén van de grootste zaken van mensensmokkel die ik in mijn loopbaan onderzocht, was het aantreffen van een 25-tal Chinese onderdanen die in de laadruimte van een vrachtwagen werden aangetroffen op het industrieterrein van Mechelen-Noord, dit in volle SARS-epidemie. (2002). Ik was ter plaatse voor het onderzoek samen met mijn manschappen. Samen met de aangestelde dokter werden we voor korte tijd in quarantaine gezet. Wetsdokter

Pastijn regelde de zaak op medisch vlak en had telefonisch contact met de medische diensten in Brussel. In afwachting werden we opgesloten in een werfcontainer. De Chinese slachtoffers waren er erg aan toe, ze waren uitgehongerd bij wijze van spreken. Sommigen vertoonden ook uiterlijke sporen van mishandelingen. Een groot probleem was de taal; niemand van de groep verstond Engels. Na enig zoeken konden we een tolk vinden, die hen verstond en die ter plaatse wilde komen. Veiligheidshalve werden alle slachtoffers eerst door de wetsdokter onderzocht om na te gaan of ze mogelijk niet besmet waren met SARS.

Dit onderzoek verliep met bijstand (telefonisch) van de tolk, het was een moeilijk onderzoek. Gelukkig had niemand koorts. Na een eerste kort onderzoek bleek niemand ziek en mochten we de werfcontainer verlaten. Bij het eerste verhoor werd aan de slachtoffers het statuut slachtoffer mensenhandel aangeboden. Uit de eerste ondervragingen bleek dat de mensen vanuit China te voet vertrokken waren, ze waren maanden onderweg, niemand van de groep had nog enige notitie van tijd. Buiten het stappen reisde men ook per vrachtwagen en per trein. De groep werd op regelmatige tijdstippen van samenstelling gewisseld. De slachtoffers hadden grote angst voor de zogenaamde slangenkoppen[13] Deze hadden hun familie in de tang en aarzelden niet om de familie te bedreigen en geld af te persen. Uit de verklaringen bleek dat de vertegenwoordigers van de slangenkoppen mensen ronselden in dorpen op het platteland. Per dorp werd dan de sterkste man of vrouw uitgestuurd en gans het dorp leverde een geldelijke bijdrage om de reis en de mensensmokkelaars te betalen. Eens in het westen tewerkgesteld zouden de uitgezondenen genoeg verdienen zodat ze geld aan hun dorp konden overmaken.

Eens een dorpsgemeenschap had toegehapt was er geen weg meer terug, noch voor de slachtoffers, noch voor de gemeenschap.

---

13 Slagenkoppen zijn Chinese misdaad syndicaten, die actief zijn in de mensenhandel.

In een later stadium werd één van de slachtoffers terug op ons bureel gebracht, ze had geen vervoersticket op de trein. Na onderzoek bleek dat de vrouw gevlucht was uit het Chinees restaurant in Namen, waar ze opgesloten zat.

Het slachtoffer kreeg toen toch het statuut slachtoffer van mensenhandel en via de diensten van Payoke kreeg de dame een verblijfsvergunning. Van de andere slachtoffers hebben we geen nieuws. We hopen dat ze allemaal goed terecht zijn gekomen. En o ja, het Chinees restaurant in Namen, dat kreeg een gepeperde rekening.

Aan de hand van deze casus kan je merken dat de misdrijven mensenhandel en mensensmokkel vaak nauw met elkaar verbonden zijn.

In 2005 verbleef een Ghanees meisje van 15 jaar in Mechelen. Het kind-moedertje was verkracht door één van de mensenmokkelaars die haar van Ghana naar België had gesmokkeld.

Rita B. beviel in Mechelen van een flinke zoon. Ze werd samen met haar zoontje opgesloten in de woning van een mensensmokkelaar, dito handelaar.

Wanneer haar zoontje enkele maanden oud was, werd de moeder ontvoerd naar Greenwich in de U.K. Haar baby Joseph werd met een smoesje ondergebracht bij een goedgelovig echtpaar.

Na intens speurwerk konden we het adres in Greenwich achterhalen en werd de moeder opgehaald door onze collega's van de Federale Politie Mechelen.

Onderwijl hadden we ook niet stilgezeten en werd de mensenhandelaar gepakt, hier in Mechelen, toen hij de kleine Joseph kwam ophalen.

De kleine Joseph werd ondergebracht bij de kinderopvangdienst van Maria Assunta in Mechelen.

Later werden moeder en zoon herenigd en werden ze begeleid door Payoke in Antwerpen. Gezien de havenstad een gevaarsituatie inhield voor een jong slachtoffer van mensenhandel werd Rita B. ondergebracht in een klooster waar jonge ongehuwde moedertjes verbleven in Vosseslag, een gehucht van Den Haan.

Vandaag is Rita B. een jonge vrouw, moeder van drie kinderen, Joseph heeft twee zusjes bijgekregen en mama Rita werkt als verpleegster en deeltijds ondernemster. Eind goed al goed.

Een derde casus van mensenhandel uit de politiezone Mechelen gebeurde in de Maghreb-gemeenschap. Tijdens een onderzoek naar artikel 9 bis trof de allochtone wijkagent op het adres dat hij diende te controleren een man aan met verf bevuilde kleren. Na enig doorvragen deelde de man onze agent mee dat hij gans de woning geschilderd had in ruil voor … een paar schoenen en wat voedsel.

Samen met de diensten van de Rijksdienst voor Arbeidvoorziening (R.V.A.) hebben we gezorgd dat de huiseigenaar de rekening voor zijn exploitatie gepresenteerd kreeg.

Een laatste casus speelde zich af op een plaats, die alle Mechelaars goed kennen. Het is een plaats die naar hen genoemd is: Huis van de Mechelaar. Bij de bouw van het complex stelden de politiemensen van de cel Vreemdelingen per toeval vast dat een aantal mannen het stadhuis verliet via de poort van het belfort. De aandacht van de politie werd getrokken door de vervuilde kledij en de lichaamstaal van de mannen.

Bij een controle bleken de werklui afkomstig uit … Brazilië. Fier toonden de mannen die stukadoors waren, hun werk in het Huis van de Mechelaar. Bij het onderzoek kwam aan het licht dat ze illegaal in het land verbleven. Ze werden dagelijks 's morgens opgepikt in de buurt van het Brusselse Zuidstation en 's avonds er terug afgezet.

Toen ze werden opgepakt waren ze aan het wachten op de camionette die hen kwam ophalen. De mensen waren het slachtoffer van koppelbazen, hun filières liepen over Limburg naar Brussel. We hadden de cascade van verantwoordelijkheden bij mensenhandel opgebouwd. De laatste trap van de cascade was een éénmansbedrijfje dat een quasi waardeloze camionette had …

Naar we later vernamen is de zaak nooit voor de Arbeidsrechtbank behandeld.

Wat we zeker wel met grote zekerheid weten is dat na onze vaststellingen, de koppelbazen uit het Huis van de Mechelaar zijn gebleven. We hebben de druk hooggehouden door nogmaals af te stappen met de diensten van de R.V.A.

## CONCLUSIE

Mensenhandel is het hardnekkigste en smerigste fenomeen, dat niet of toch zeer moeilijk uit te roeien valt.

Er zijn steeds mensen geweest die zwakkeren willen exploiteren. Het enige correcte wapen voor deze mensenhandelaars is een goedlopend gerechtelijk apparaat dat hen genadeloos zonder verzachtende omstandigheden vervolgt en veroordeelt en achter hun met criminele activiteiten verkregen bezittingen gaat.

## SCHIJNHUWELIJKEN

Bij de aanvang zat dit fenomeen sterk in de lift, mede ook wel door de sterke media-aandacht die aan de schijnhuwelijken werd gegeven.

Binnen de Mahgreb-gemeenschap noemde men het schijnhuwelijk: 'papieren maken'. Men zag er geen kwaad in. Sommige Belgen zijn straf in wetsontwijking[14], wel de Maghrebijnen waren straf in 'papieren maken'. Ondertussen is hen wel duidelijk geworden dat het allemaal zo eenvoudig niet is en dat de problemen later wel komen.

---

14 Wetsontwijking is een term afkomstig uit het fiscaalrecht en betekent dat er een achterpoortje gezocht wordt om de wet te omzeilen.

Om het fenomeen op stedelijk vlak aan te pakken waren we gaan samenzitten met onze externe partners, zijnde: de burgerlijke stand, de stedelijke vreemdelingen dienst, de federale vreemdelingendienst en tenslotte het parket. Samen met de partners hebben we dan een draaiboek uitgewerkt. Na een inloopperiode van enkele maanden kwamen we op kruissnelheid voor de huwelijken die in Mechelen gesloten werden. Voor de huwelijken gesloten in de landen van herkomst lag het veel moeilijker. In de islamitische wereld heeft men verschillende soorten huwelijken:

» 1° – een fathia-huwelijk is een godsdienstig huwelijk. De aanstaande bruidegom zijn huwelijk wordt bevestigd door zeven' wijze mannen. Het is een huwelijk zoals het gesloten werd in de tijd van de profeet. Sta me toe te zeggen dat deze vorm van huwen nu, bijzonder vrouwonvriendelijk is.

Deze vorm van huwelijken was ook erg in trek bij extremisten en sommige zware radicalen, gezien deze huwelijken niet opgenomen waren in de officiële registers. Men kan zich de vraag stellen wat is het juridisch statuut is van de kinderen die geboren zijn uit zulke huwelijken. De vraag werpt zich dan op 'wie is de vader' als hun moeder gehuwd is geweest met verschillende jihadisten, die sneuvelden in de oorlog. Ik verwijs hier naar de kinderen die gevangen zitten in de Koerdische kampen.

» 2° – een orfihuwelijk is een huwelijk dat in Egypte in gebruik is. Oorspronkelijk gebruikten rijke mannen uit het Midden-Oosten deze vorm van tijdelijke huwelijken om op vakantie samen te slapen met hun tijdelijke minnaressen (vaak jonge meisjes aangeleverd door Egyptische koppelaars).

In Egypte mag men niet samen slapen in een hotelkamer met een vrouw die niet zijn echtgenote is, vandaar dat men dan tijdelijk huwt. Deze handelswijze werd overgenomen door zogenaamde loverboys, die werkzaam waren in de vakantieresourts. Via deze 'huwelijksakte' probeerden ze zich in België te vestigen.

De akten waren opgesteld in het Arabisch en dan vertaald door zogenaamde beëdigde tolken.

Voor alle duidelijkheid de Egyptische overheid erkent deze akten totaal niet.

Tijdelijke huwelijken worden ook vaak in Iran afgesloten, zelfs voor korte tot zeer korte periodes. De aktes zijn dan opgemaakt conform het sjiitische geloof.

Deze huwelijksaktes zouden vooral voor binnenlands gebruik zijn. Iemand die een prostituee bezocht moet een tijdelijk huwelijk afsluiten (voor enkele uren). Er zou een strenge controle zijn door de Iraanse religieuze politie. Zo bestaat er in Iran geen prostitutie.

Soms, maar uitzonderlijk, duikt deze vorm van "huwelijksovereenkomsten" bij ons op.

» een putatief huwelijk is een term uit het kerkelijk recht (katholiek). Hiermee wordt bedoeld dat één van de twee partijen oprechte intenties heeft om een blijvende relatie op te bouwen. Terwijl de andere partij het huwelijk beschouwt als een zakelijke overeenkomst die leidt tot verblijfspapieren. Deze vorm van schijnhuwelijken leidde in alle culturen soms tot drama's. Eén van de partijen voelde zich bedrogen en werkte dan in de meeste gevallen mee, wat gunstig was voor ons onderzoek. Maar op familiaal vlak leidde dit soms tot enorme spanningen, die uitmondden in ruzies.

## CONCLUSIE

Schijnhuwelijken zijn in het verleden een sterk migratiekanaal geweest, maar dit is de laatste jaren niet meer het geval. Op het hoogtepunt van het fenomeen werd vlot tot 15.000 euro betaald. Meestal hadden de inwijkelingen dit bedrag niet en diende ze het saldo van het geld op te hoesten door een gedeelte van hun toekomstig loon af te staan (mensenhandel dus).

Gelukkig is de hausse in dit fenomeen voorbij; als politie dient men nog gewoon waakzaam te zijn.

## NATURALISATIES

De cel Vreemdelingen behandelde de dossiers van mensen met een migratie-achtergrond van het prille begin tot en met hun overgang naar het Belgisch staatsburgerschap. De naturalisatie was de laatste stap.

Onlangs bij de aanvang van de Covid 19-maatregelen wandelde ik naar huis onder de galerij van het stadhuis in de Befferstraat, toen mijn pad gekruist werd door een dolblije Afrikaanse man. Hij had juist zijn Belgische identiteitskaart afgehaald in het Huis van de Mechelaar om de hoek. Ik heb de man uitgebreid gelukgewenst met zijn nieuwe status en we vervolgden ieder onze weg.

Het voorval deed me terugdenken aan vroeger, het gebeurde soms dat mensen naar het commissariaat kwamen met een kleinigheid om hun dankbaarheid te tonen na het afronden van hun dossier.

We vertelden deze mensen dat we gewoon ons werk gedaan hadden en geschenken echt niet hoefden. Het mocht trouwens niet. In plaats daarvan hadden we altijd een warm gesprek met de nieuwe landgenoten. We vroegen hen hun staatsburgerschap te tonen, door zaken die de samenleving in gevaar brachten discreet te melden. Verschillende mensen zijn hierop ingegaan.

Hierdoor hebben we informatie verkregen van onschatbare waarde.

Na mijn warme, korte ontmoeting met de nieuwe Belg, slenterde ik verder naar huis. Mijn gemoedstoestand was evenredig aan deze van de meeste mensen toen midden maart 2020. Maar de oorzaak was verschillend, alles wat we met de cel Vreemdelingen hadden opgebouwd tussen 2001 en 2015 was verdwenen ... behalve de naturalisaties.

## PROJECTMATIGE AANPAK

In onze dagelijkse werking waren enkele projecten ingebed, ze maakten deel uit van de dagelijkse werking. Van de besproken projecten is enkel de huisjesmelkerij niet ontwikkeld binnen de cel Vreemdelingen, de rest wel. Niet alle projecten verliepen goed. Zo hadden we bijvoorbeeld het idee opgevat om de politiemensen een aantal woorden (max. 250) in het Mechels–Berbers[15] aan te leren. Dit met de bedoeling om de kloof tussen de politie en de Mahgreb-jongeren te verkleinen. We hadden bij de eerste sessie zelfs lekkere pastilles[16] laten maken door de echtgenote van een collega. De pastilles waren een groot succes, het aanleren van de Berber woordenschat helaas niet. We hebben de activiteiten opgeschort wegens gebrek aan belangstelling.

---

15  Het Mechels Berbers is een taaltje dat gesproken wordt door de jongeren in de Mechelse regio.
16  Pastilles zijn gebakjes in millefeuillesdeeg, met gevogelte en o.a. rozijnen. Het is de verre voorvader van wat wij nu pastei noemen

## HUISJESMELKERIJ

In de beginperiode van de geïntegreerde politie behaalden onze collega's van de lokale politie Antwerpen ronduit schitterende resultaten in hun strijd tegen de huisjesmelkers. Collega Rottiers had in Antwerpen het project "Krot op" opgestart.

Samengevat kan men zeggen dat het fenomeen via gecoördineerde acties werd aangepakt. De belangrijkste partners in deze samenwerking waren de stedelijke administraties, de Vlaamse Wooninspectie, de vreemdelingendienst, zowel lokaal als federaal en tenslotte het Parket. Het succes van de acties bestond erin dat de acties voorafgaandelijk goed gepland werden en dat de partners actief bij de acties aanwezig waren. Later zouden zware veroordelingen worden uitgesproken door de Antwerpse strafrechtbanken, die in de pers de nodige weerklank kregen.

Als oud student van de Antwerpse officierenschool beschikten we over de nodige goede contacten bij de Antwerpse politie en gingen we op studiebezoek bij onze Antwerpse collega's.

We waren onder de indruk van hun uiteenzetting en waarom het warm water tweemaal uitvinden? We hebben hun werkwijze overgenomen, weliswaar op Mechelse leest geschoeid. Wij, Maneblussers, zijn maar een nietig plekje op "de grote Antwerpse parking ..."

Samen met mevrouw Krista Van Boeckel van de Vlaamse Wooninspectie hebben we de eerste gecoördineerde acties in Mechelen vormgegeven. In de beginperiode verliepen de acties nog een beetje stroef omdat alle partners op elkaar dienden afgestemd te worden.

Ongeveer één jaar na het opstarten van het project kwamen we op kruissnelheid en deden we minimaal één grote actie per maand. Uit de jaarverslagen van de Vlaamse Wooninspectie bleek dat de lokale politie Mechelen altijd zeer goed scoorde qua aantal gevoerde acties, opgestelde processen-verbaal en controles van wooneenheden.

Enkele notoire Mechelse huisjesmelkers deden hun panden van de hand toen ze merkten dat ook het parket va Mechelen strenge straffen vorderde en er ook veroordelingen volgden. Eén van de meest hardvochtige huisjesmelkers, die in Mechelen vele krottige panden bezat en botweg arrogant weigerde een verklaring af te leggen bij een allochtone collega is godzijdank niet meer actief in Mechelen. Hij verkocht al zijn vunzige krotten. Betrokkene zou naar ik uit goede bron vernam in de omgeving van Lier actief zijn in de horeca. Daar zette hij zijn malafide praktijken verder.

Men kan zeggen dat na jaren van harde strijd het probleem van huisjesmelkerij in kaart is gebracht in Mechelen. Voor alle duidelijkheid, het fenomeen is zeker niet opgelost maar wel omschreven. Zolang er migratie blijft bestaan, zolang zal men het fenomeen moeten opvolgen, ik verwijs hier naar de migratiestromen die op gang kwamen na het Syrische drama. Politie moet zorgen dat alle mensen in een zwakke positie recht hebben op respect en bescherming. Wat onder andere wil zeggen, recht op een fatsoenlijke woning, die voldoet aan de voorschriften van de Vlaamse Wooncode.

Beleidsmatig heeft men dan een goede wijkwerking nodig die een correct en stipt inschrijvingsbeleid voert, maar dit is gemakkelijker gezegd dan gedaan.

In Mechelen werd toen een checklist-woontoestand ontwikkeld binnen onze dienst. Deze lijst was opgevat als rooster. Door aan te vinken kon de controlerende politieambtenaar eenvoudig en snel aanduiden dat er problemen waren met de woning. Deze checklist werd enkel gebruikt bij een controle bij de inschrijving van de bewoners.

De checklist waarop problemen werden gesignaleerd werden gecentraliseerd. Hierna werd de info overgemaakt aan de stedelijke dienst Wonen en indien nodig de Vlaamse Wooninspectie. Oplossingen waren minnelijke schikkingen, en indien nodig een proces-verbaal.

Later werd de checklist ook nog gebruikt om andere fenomenen te melden zoals radicalisme of een v.o.s.[17]

Deze werkwijze kan omschreven worden als laagdrempelig. De slachtoffers van de huisjesmelkers zagen ons niet als repressieve politie, maar eerder als sociale werkers.

Soms vervulden we deze rol ook met verve, maar we waren en bleven altijd politieman, zij het weliswaar een sociale. In deze rol kwamen we soms unieke informatie te weten door onze ogen en oren met tact en respect te gebruiken.

In de loop der jaren werden door de cel Huisjesmelkerij ook alle bouwovertredingen behandeld en werd een goede samenwerking uitgebouwd met de stedelijke en federale diensten.

We durven ronduit stellen dat de cel Huisjesmelkerij een belangrijke politionele meerwaarde heeft gegeven.

Vanaf de start eind 2001 tot 2017 heeft dit project gelopen.

## PROJECT DE MOSLIMA'S, LATER AL KANDIL[18]

Dit project ligt me het nauwst aan het hart, alleen al om het feit dat het me de titel opleverde "vader van alle 'Mechelse moslima's'" maar daarover later iets meer.

Tijdens onze dagelijkse werking maakten we bijna in 95 procent van de gevallen mee dat een Marokkaanse vrouw als slachtoffer van huiselijk geweld haar klacht na enkele dagen terug introk.

---

17 V.o.s. betekent verontrustende opvoedingssituatie van een minderjarige. Het dossier werd dan overgemaakt aan de dienst jeugd.

18 Al Kandil is de naam van een jonge moslima, die het slachtoffer was van een zogenaamd putatief huwelijk. De jonge vrouw verongelukte op weg naar haar werk. Haar echtgenoot zag na een week niet meer om naar haar. Als eerbetoon gaven de moslima vrijwilligsters hun groep de naam Al Kandil. De vertaling van Al Kandil uit het Arabisch is lamp.

Dit tot grote frustratie van de niet-begrijpende verbalisant. De vrouw kwam dan meestal met een familielid van haar echtgenoot naar het commissariaat. Ze verklaarde dat "alles terug in orde was". Niets mocht baten; zeggen dat opzettelijke slagen en verwondingen ambtshalve konden vervolgd worden, maakte geen enkele indruk. De dames in kwestie werkten niet mee, punt uit. Daders van de slagen voelden zich ongenaakbaar en gedroegen zich ook zo. Het fenomeen dat ik nu beschrijf was de regel bij Marokkaanse vrouwen.

Dames die voet bij stuk hielden en hun klacht handhaafden waren uiterst zeldzaam.

Van deze situatie werd niemand beter, niet de slachtoffers, niet de daders – er was een sterke recidive – en tenslotte ook de politie niet, die gefrustreerd geraakte en niet meer geneigd was een klacht op te nemen.

De zaken moesten anders aangepakt worden, maar hoe, dat was de vraag.

Na wat brainstormen binnen onze cel hadden we de oplossing gevonden en deze was eigenlijk simpel, maar niet zo gemakkelijk uit te voeren.

In het begin van dit hoofdstuk vertelde ik over zuster Andrea, onze tolk. Wel, daar hebben we onze spreekwoordelijke mosterd gehaald. De oplossing bestond uit een grondige kennis van de gebruiken, van de cultuur, en de taal. Dit moest gecombineerd worden met de kennis van de werking van de politie, de rechtbank en de sociale sector. Hier was het noodzakelijk dat de werking laagdrempelig was, met wederzijds respect en heel veel geduld. Twee projecten werden gelijktijdig geboren, namelijk de moslima's en sociaal culturele achtergronden van Magrebijnen. Zoals elke ouder van een tweeling weet, zorgt dit voor dubbel werk, maar ook voor dubbel plezier. Iedereen die een tweeling heeft, weet dat ze een speciale band hebben. Ze kunnen meestal niet zonder elkaar; dat is ook hier zo, maar daarover later meer. De sociaal-culturele achtergronden van Maghrebijnen zullen we in het volgende paragraaf bespreken.

Binnen onze cel kwamen we overeen een aantal vrouwelijke slachtoffers van intra-familiaal geweld, schijnhuwelijken en mensenhandel bij elkaar te brengen en te peilen naar noden op politioneel en justitieel vlak.

Dit initiatief lijkt simpel, maar het uitvoeren in de praktijk is nog iets anders.

De doelgroep samenstellen was niet zo moeilijk, maar ze naar het commissariaat krijgen was een probleem. Na wikken en wegen hebben we de knoop doorgehakt en gingen we de dames gewoon een officiële politie-uitnodiging sturen. De meeste zouden zeker op deze uitnodiging ingaan. Als er opdringerige partners meekwamen zouden we deze beleefd beneden laten wachten.

Er werd een groep van 35 vrouwen uitgenodigd, divers samengesteld, qua slachtofferprofiel, opleiding, ouderdom en afkomst (Berbers-Arabisch-bekeerling)

Zoals het spreekwoord zegt: goed begonnen is half gewonnen, dus we hadden de bijeenkomst zorgvuldig voorbereid.

De meest imposante zaal van het commissariaat hadden we gereserveerd op de verdieping waar de toenmalige korpsleiding was ondergebracht. Lekkere Marokkaanse muntthee en koekjes, alsook dessertkoekjes, koffie en frisdrank waren voorzien in ruime mate.

De moslima's waren behoorlijk onder de indruk van de ontvangst; dit was ook onze opzet. Tot onze grote verbazing was slechts één dame niet opgedaagd en ze had zich laten verontschuldigen. Bij de volgende bijeenkomsten was ze wel aanwezig.

Nu kwam de belangrijkste fase: de dames openlijk en zonder schroom te laten praten over hun ervaringen als slachtoffers en te luisteren naar hun noden.

Bij het begin van de bijeenkomst hield ik een goed voorbereide toespraak, waarin ik hen meedeelde waarom we samengekomen waren. Alle leden van de cel Vreemdelingen stelden zich uitgebreid voor aan de groep. We garandeerden de vrouwen anonimiteit, niemand mocht haar naam zeggen, zelfs haar voornaam niet.

We drukten alle aanwezigen op het hart dat alles wat verteld werd binnenkamers bleef, niets mocht verteld worden naar de buitenwereld. Er werd de dames gevraagd zeker ook niets te roddelen wat andere deelneemsters zouden vertellen.

We drukten hen op het hart dat wanneer iemand zou beginnen roddelen, dit een kettingreactie zou veroorzaken en na verloop van tijd zou over iedereen geroddeld worden.

Er werd aan de moslima's ook medegedeeld dat de aanwezige Marokkaanse agenten gebonden waren door het beroepsgeheim. De hoofdtaak van deze collega's was de vertaling, er was directe vertaling in het Berbers en Arabisch (zeer aan te raden).

Hierdoor kon iedereen in real time de gesprekken volgen.

Na drie bijeenkomsten hadden we genoeg gegevens verzameld om onze twee projecten op te starten. Meer zelfs, en een vijftal dames wilde op vrijwillige basis met ons samenwerken om lotgenotes te helpen. De beginfase van onze opzet was duidelijk geslaagd.

Binnen de eigen organisatie noemde men de "hoofddoeken-invasie" naïef en geen politiewerk ...

Later maakte men van de moslima's gretig gebruik als tolk en/of begeleidster.

Hoe werkten de moslima's?

De werking was gebaseerd op de vijf pijlers van de community policing[19].

De twee partijen werkten samen als gelijkwaardige partner, met ieder hun eigen verantwoordelijkheden. De politie bleef onder alle omstandigheden politie. De moslima's bleven in alle omstandigheden hulpverleners. Zij waren nooit een verlengstuk van de politie! Alle leden hadden inspraak in de werking en in het beleid. In de opstartfase zouden de moslima's hun werkzaamheden aanvatten enkel op aangeven van leden van de cel Vreemdelingen en de wijkpolitie. Later kon de werking uitgebreid

---

19 Community policing : ( vijf pijlers 1. Externe gerichtheid, 2. Probleemoplossend werken 3. Partnerships 4. Verantwoording afleggen 5. Empowerment ( betrokkenheid )

worden naar de andere politiediensten. In de opstartfase zou ook het project reeds worden voorgesteld aan de externe partners, zijnde het Parket Mechelen, Payoke, de federale dienst vreemdelingenzaken en het centrum voor algemeen welzijn (CAW). Bij deze partners werden voorstellingen georganiseerd om de beide projecten samen te stellen. Bij deze voorstellingen waren steeds enkele moslima's aanwezig. Bij de diensten van Payoke te Antwerpen kregen de vrouwen een korte opleiding wat ze moesten doen bij een casus van mensenhandel. Veel van deze slachtoffers wilden in de eerste fase absoluut geen politionele tussenkomst.

Twee moslima's diende hun aanvraag in om te kunnen fungeren als beëdigde tolk, één in het Berbers en de andere in het Arabisch. Deze aanvraag werd door het Parket Mechelen gunstig geadviseerd. De twee moslima-tolken vertaalden enkel voor de slachtoffers. Er werd nooit getolkt voor de daders.

Tot slot nog dit, de dames hadden ook een voorzitster verkozen. Er werd in de beginfase geopteerd voor de bekeerlinge, een zeer gedreven vrouw. Dit zal u misschien verbazen.

De dame haar islamitische naam was Soumaya.[20] Verder in het boek komen we nog terug op deze persoon ...

## WERKING OP DE WERKVLOER

Hierin werd geopteerd voor een opdeling in twee fasen. De slachtoffers moesten zeker aan hun zelfredzaamheid werken. Ze konden maximaal vijf maal beroep doen op de vrijwilligsters.

In de eerste fase werd geluisterd naar het slachtoffer, zonder kritiek te leveren.

---

20  Soumaya is niet haar echte naam, het betreft een islamitische naam.

Er werd morele steun geven en een vertrouwensband geschapen. Dit door iemand uit hun gemeenschap te betrekken als hun vertrouwenspersoon.

In een tweede fase werd toelichting gegeven op de werking van de politie en justitie, eventueel gezocht naar een veilige opvang, en een aanvraag met bezoek van een pro-deo advocaat.

Er werd info gegeven over allerlei vormen van bijstand van het Sociaal Huis voor voedselhulp, kleding, schoolkosten, enz.

Na de tweede fase moest het slachtoffer zelfredzaam zijn.

De finaliteit van het project was maatwerk crisisopvang te geven voor een specifieke doelgroep, die geïsoleerd, financieel afhankelijk en onwetend was.

Het was oorspronkelijk de bedoeling in een later stadium de Maghreb-gemeenschap te sensibiliseren tegen de fenomenen als schijnhuwelijken, intra familiaal geweld, en andere.

De vrouwvriendelijke opvang werkte voor moslima's integrerend als het op kruissnelheid zou komen.

De werking van Al Kandil heeft een tweetal jaren gefunctioneerd en is dan uitgedoofd door het feit dat er geen enkele ondersteuning, laat staan erkenning was.

We moeten ook melden dat een deel van de Maghreb-gemeenschap niet klaar was voor dit project. De jonge vrijwilligsters werkten zeer discreet. Ze vreesden heftige reacties van uit de hoek van de daders, die zich beknot voelden in hun 'vrijheid'.

Langs deze weg willen we hulde brengen aan alle vrouwen die heel veel vrije tijd en energie hebben gestoken in het helpen van hun zusters.

Al Kandil, Touria was een jonge Marokkaanse vrouw afkomstig uit de streek van Sidi Slimane in Marokko.

Haar verhaal is typisch als slachtoffer huwelijksmigratie. Haar leven eindigde abrupt op 1 augustus 2007 na een vreselijk verkeersongeval op weg naar haar werk.

Het ongeval gebeurde tijdens haar eerste werkweek hier in België. Ze werd met haar fiets gegrepen door een vrachtwagen, die niet kon stoppen voor het rode verkeerslicht, omdat zijn remmen het begaven.

Touria werd geboren op 15 oktober 1977 in Old Yahya in Marokko.

Ze leefde in de Mechelse binnenstad op haar eentje in precaire omstandigheden.

Na haar overlijden werd ze gerepatrieerd naar haar geboortestreek om er begraven te worden. De kosten voor deze overbrenging werden door de gemeenschap gedragen.

Touria was te kort in Mechelen geweest om gedetecteerd te worden door onze diensten.

Als eerbetoon verkozen de moslima's hun naam te veranderen in Al Kandil, wat in het Arabisch lamp betekend.

Voor de volledigheid moeten we nog zeggen dat de cel Vreemdelingen hemel en aarde heeft bewogen om de vader van Touria naar België te laten komen om verhoord te worden in het dossier van zijn dochter. We zijn in onze opzet geslaagd en vader is naar Mechelen gekomen en werd verhoord in het dossier van zijn dochter. De arme man kon bewijzen voorleggen van de Wafa-bank[21] dat hij een aanzienlijk bedrag als bruidsschat betaalde aan de man die haar hand had komen vragen, maar hier niet naar zijn bruid had omgezien. Tot een veroordeling als dader van een schijnhuwelijk is het niet gekomen; de dood was ons voor en had het huwelijk reeds ontbonden voor wij ons onderzoek begonnen …

## SOCIAAL-CULTURELE ACHTERGRONDEN VAN MAGHREBIJNEN

Zoals reeds hogervermeld is dit project gelijktijdig ontstaan met dit van de moslima's. Bij het aanhoren van de dames werden er als het ware spontaan dader- en slachtofferprofielen, van de misdrijven geschetst. Het betroffen fenomenen als: intra-famili-

---

21 Marokkaanse bank.

aal geweld, schijn- en gedwongen huwelijken en mensenhandel. Bij het uitdiepen van deze profielen bleek hoe pijnlijk weinig wij, politiemensen, van de Marokkaanse cultuur wisten. We hebben de quote van Alberto Contador al eerder gebruikt, wel ook hier was hij van toepassing op ons. Van de dames hebben we de basisbeginselen geleerd hoe met moslima-slachtoffers om te gaan. We kregen tevens een zicht op de indeling van het land en de verschillende talen, de gebruiken enzovoorts.

Deze nuttige info werd dan gekoppeld aan onze kennis, zodat we degelijke en werkbare slachtoffer- en daderprofielen konden maken.

Via de analyse van onze samenwoonstverslagen hadden we een zicht op de streken van afkomst van onze Mechelse Marokkanen. De streken van herkomst hadden we duidelijk in kaart gebracht, vervolgens konden we die dan combineren met het slachtoffer- en daderprofiel. De streek van afkomst was ook van belang, zo vernamen we (stedelijk-landelijk, Noord-Marokko, Zuid-Marokko, Berber-Arabisch)

Gewapend met deze info van de kruisbestuiving tussen moslima's en politie konden we politioneel maatwerk aanbieden.

We kregen een geografisch inzicht in Marokko, wat altijd vertrouwend werkt in gesprekken met Marokkaanse mensen.

De gecreëerde tool werd eerste uitgetest binnen de cel Vreemdelingen en in een tweede stadium bij de wijkpolitie. Het was de bedoeling dat alle politiemensen van de politiezone dit zouden volgen.

De beide projecten werden aan verschillende externe partners voorgesteld onder meer: het Parket Mechelen; de Federale dienst Vreemdelingenzaken; Payoke; C.A.W. afdeling Mechelen. We ontvingen van deze partners positieve reacties.

Zoals reeds gesteld hebben deze twee projecten een tweetal jaren gedraaid en zijn dan stilletjes uitgedoofd, dit door tal van redenen. Spijtig, want ze waren waardevol en innoverend.

## RODAIN Y PENSAIT, MALINES LE FAIT

In 2006 stonden de Parijse voorsteden letterlijk in vuur en vlam, dit naar aanleiding van een interventie van de politie waarbij een jongere uit de banlieue op tragische wijze het leven verloor. Er werd vooral 's nachts een hevige strijd uitgevochten door de gefrustreerde jongeren en de politie. De gemoederen werden nog opgehitst door het taalgebruik van president Sarkozy.

Er is een spreekwoord dat zegt: als het regent in Parijs, druppelt het in Brussel. Iedereen hield hier zijn hart vast en gelukkig bleef alles rustig op enkele heethoofden na.

Ook in het provinciale Mechelen hadden we in spanning de gebeurtenissen gevolgd. Maar zoals Bart Peeters het zo mooi kan zingen, haalde de rede het van de waanzin.

We waren er ons van bewust dat er tussen de politie en Magrebijnse jongeren een ongezond spanningsveld bestond.

Ik ben niet te beroerd om toe te geven dat we als politie regelmatig zware fouten hebben gemaakt, deels opzettelijk en deels onopzettelijk door onkunde.

Dat deze fouten alleen de oorzaken waren van het spanningsveld betwijfel ik.

Vanuit onze toenmalige cel Vreemdelingen wensten we het positief te bekijken en zochten we naar een oplossing in plaats van schuldigen te zoeken.

We besloten in sommige concentratiescholen in het lager onderwijs, de politie te gaan voorstellen. De allochtone wijkagent ging zich voorstellen en vertelde aan de jongeren welke soorten politiemensen er bestonden: wijkinspecteur, de interventie- inspecteur, de rechercheur, enzovoorts. Telkens werd de taakomschrijving van de politieambtenaar zeer uitvoerig uitgelegd. De jonge kinderen wisten na de les duidelijk dat er met een wijkinspecteur in de meeste gevallen een beleefd assertief gesprek kon gevoerd worden, op voorwaarde dat er een wederzijds respect was.

Met een politieambtenaar die tijdens een manifestatie de orde moest handhaven of een rechercheur die een misdaad onderzocht, moest men op dat moment geen contact nemen. Hierbij werd soms geoefend met kleine rollenspelletjes. Bij de lessen werd wat didactisch materiaal gebruikt, een nep spuitbusje pepperspray, een matrak en een paar handboeien: dit materiaal was bij veel jongens ronduit magisch.

Op het einde van de voordracht hielden we een kleine bevraging, zogezegd om te peilen of er goed geluisterd was. Stiekem peilden we bij de jongeren ook het beeld dat de jongeren hadden van de politie ... en ja, dit was positief.

Een aantal jongens wilde politieman worden, opvallend geen enkel meisje.

Tijdens de voordrachten werd er ook sterk gehamerd op stiptheid, correctheid, spijbelgedrag, enzovoorts.

De lessen werden bijna steeds afgesloten met een prettige anekdote, namelijk de vraag of dat men wist wat het woordje flic betekende en uit welke taal het afkomstig was.

Flic is afkomstig uit het argot[22] en is de afkorting van **F**éderation **l**ocale des **i**mbesiles **c**asqués.

Voor de adolescenten hadden we een bundeltje samengesteld met de drie levensverhalen van onze politiemensen met een Maghreb-achtergrond.

Onze drie collega's hadden alle drie een zeer verschillende achtergrond, ééntje kwam uit de pure kansarmoede, een ander kwam uit een warm nest en stopte zijn aso-studie plots in het voorlaatste jaar. De derde had zijn aso-studie in Marokko gedaan. Hij vertrok uit zijn vaderland op zoek naar het geluk, hij vertelde over zijn zwerftocht door Europa. In deze drie verhalen konden veel jongeren zich herkennen. Het was dan de bedoeling om gesprekken op te starten over deze levensverhalen, gekoppeld aan de migratie.

Deze fase hebben we spijtig genoeg niet verder kunnen zetten, door verschillende oorzaken.

---

22 Argot is een Frans dieventaaltje. werd veelvuldig in de WO II gebruikt door de maquisards.

We zijn ervan overtuigd, dat dit project zeker een meerwaarde had kunnen betekenen om het spanningsveld tussen politie en Maghrebijnse jongeren sterk te kunnen reduceren. Beide groepen zouden mekaar beter hebben leren kennen, waarderen en begrijpen. De domme vooroordelen langs beide zijden zouden voorgoed uit de wereld kunnen geholpen worden.

Volledigheidshalve moeten we nog vermelden dat tijdens het project de opendeurdagen van de politieschool te Asse werden bezocht met groepen Maghreb-jongeren.

Tot slot kunnen we nog melden dat spijtig genoeg het project slechts een klein jaar gedraaid heeft. Hierna zijn we moeten stoppen, niet uit gebrek aan belangstelling langs de zijde van de jongeren. Binnen de politie was er toen weinig begrip, het was geen werking die bij het politiewerk hoorde. Het spanningsveld tussen de jongeren en de politie is niet afgenomen; wel in tegendeel, wat heel spijtig is.

Laten we positief afsluiten met de melding dat we op het jaar dat het project draaide toch de media haalden, namelijk een klein item in het VTM-nieuws.

# II

# DE MECHELSE
# MAHGREB-GEMEENSCHAP

De Marokkaanse gemeenschap, wie zijn zij? Wat weten we van hen en hun land van herkomst? Onze kennis is zwak tot zeer zwak. We zijn wel zeer sterk om nieuwkomers erop te wijzen dat ze zich moeten integreren en de taal leren.

Ook in de media werd en wordt nog steeds Marokko onderbelicht.

De Arabische revoluties in Tunesië, Egypte, Jemen, Syrië en Libië werden breed uitgesmeerd in de pers. Maar over de opstand in Marokko werd slechts sporadisch bericht, ondanks de grote Marokkaanse gemeenschap in België. Nochtans de opstand bestond, men noemde ze de "Beweging van 20 februari"[23].

Iets recenter (2016) gebeurde in Noord-Marokko een vreselijk feit waar hier bijna niets van gekend is. Mohsin, Fikri een visverkoper uit Al Hoceima, zijn zwaardvis werd afgenomen, omdat hij geen smeergeld wou betalen aan een vertegenwoordiger van de makzam[24]. De vis werd in een vuilniswagen gegooid en toen de man zijn vis wou terugnemen, werd de persmachine in werking gesteld en werd hij verpletterd terwijl omstaanders toekeken.

Er kan gesteld worden dat er weinig gekend is in ons land over Marokko, het land vanwaar de meeste inwijkelingen komen.

Hoe zit het met de kennis van de gemeenschap hier? Laten we dit even nagaan.

---

23 "Opstand in de Rif" van Btisam Akarkach.
24 Makzam (vertaald de opslagplaat): in Marokko wordt bedoeld de overheid

De klassieke kerktorens waren eeuwen in onze gewesten bepalend in het dorps- en stadsleven, maar ze krijgen nu een actor bij, de moskeeën. We willen duidelijk stellen dat dit in de dorpskernen niet het geval is, maar wel in een groot deel van de steden. Wel, deze nieuwe gebedshuizen vormden vaak de kiemen voor wat later zou uitgroeien tot allochtone gemeenschappen, zo ook te Mechelen.

In de zestiger jaren van de vorige eeuw konden we nog niet echt van een Mahgreb-gemeenschap spreken. De grondvesten van de Maghreb-gemeenschap werden gelegd in de vroege jaren 70 van de vorige eeuw. In een vervallen rijhuisje aan de Lange Penninckstraat werd een eerste moskee gesticht. In die periode verscheen ook de eerste Marokkaanse kruidenier op de hoek van Lange Penninckstraat –Veluwestraat; de winkel bestaat nog steeds.

Om een zicht te hebben op het ontwikkelen van de Maghreb-gemeenschap, moeten we de ontwikkelingen van de moskeeën nader bekijken.

In totaal zijn er tot op heden in Mechelen vijf moskeeën actief geweest. Momenteel zijn er nog drie actief en twee moskeeën zijn verdwenen. Sedert het prille begin is er een enorme evolutie geweest in de geloofsbeleving van de islamitische Mechelaars. We gaan trachten een chronologisch overzicht van de ontwikkelingen te geven, aan de hand van een korte beschrijving van de werking van de moskeeën. Voor alle duidelijkheid: deze beschrijving is vanuit politioneel oogpunt. Niettegenstaande dit gegeven, hopen we hiermee toch een unieke kijk op een deel van onze Mechelse geschiedenis te geven.

## MOSKEE AAN DE KORTE
## PENNINCKSTRAAT

Deze moskee ontstond midden de jaren zeventig, het was de eerste moskee op ons grondgebied. De oprichters waren mensen van Berberse origine, zoals de meeste Mechelse Maghrebijnen. In de volksmond noemde men de moskee schier of chrisma, wat betekent kleine of oude moskee.

De eerste imam was een man van Berberse origine. Ik heb me laten vertellen dat zijn beleid kon omschreven worden als despotisch, met de volgende kenmerken:

» de imam vroeg aan iedere gelovige "tehrir"; persoonlijke giften.
» hij hield zich uitsluitend bezig met geloofszaken en ging geen enkel maatschappelijk engagement aan.
» in de moskee was een klein armoedig ingericht koranklasje.

De imam woonde boven de moskee. Hij zou plots vertrokken zijn naar Duitsland.

De islam die beleden werd, was Malekitisch[25] en werd gestuurd vanuit Marokko. Er werd openlijk toezicht uitgeoefend door de zogenaamde amicals.[26]

Het bestuur van de moskee en de imam waren toch niet zo'n goede vrienden. We vernamen binnen de gemeenschap dat er op een bepaald ogenblik zware moeilijkheden waren. Dit naar aanleiding van het feit dat de brieventas van de imam werd

---

25 Binnen de soennitische islam zijn vier rechtsscholen of madhabs met name: de Shafi 'i, de Hanbali, de Maliki en de Hanifi. De rechtsscholen werden vernoemd naar hun stichter. Ze leggen de islamitisch wet (fikh) uit aan de hand van de koran, de hadith.
De vier rechtsscholen zijn geen vijanden van elkaar.
26 Zijn Berbers die een eed van trouw hadden afgelegd aan wijlen koning Hassan II. Ze rapporteerden rechtstreeks aan het hof van Hassan II. Men kan deze amicals omschrijven als een soort van toezichters en bijgevolg waren ze niet altijd geliefd.

gevonden in een bar. Tegenstanders van de geestelijke vonden het ongehoord dat hij bars zou bezoeken. Voorstanders zeiden dat er nooit een echt formeel bewijs was gevonden dat de imam effectief in het oord des verderf was geweest.

Er wordt gefluisterd dat men de imam een loer wou draaien en dat het gelukt was.

De imam/barbezoeker vertrok met stille trom richting Duitsland, men heeft van de man nooit meer iets gehoord. Zijn beleid kan omschreven worden als archaïsch.

Na het vertrek ontstonden twee kampen namelijk een groep die een nieuwe moskee wilde en een nieuw bestuur, en de oude garde die alles wilde laten zoals het was.

De groep die een andere moskee en bestuur wilde, werd gesteund door de amicals. Op deze manier hoopte men mensen met een Arabische achtergrond in het bestuur te krijgen en zo de Berberse dominantie te doorbreken.

De oude, kleine moskee kreeg later ook een nieuwe imam en bleef rustig verder bestaan, de gelovigen waren hoofdzakelijk Berbers, de meesten van de eerste of tweede generaties. Later zou de umma[27] van de kleine moskee een sterke boost krijgen en zouden ze verhuizen naar de lokalen aan de Guido Gezellelaan.

De kleine, oude moskee heeft historisch weinig belang, het was de eerste bidplaats voor de eerste generatie. Het was een armtierige bedoening, misschien was het een afspiegeling van een "beleid" dat men voerde naar de gastarbeiders zoals men de immigranten toen noemde.

---

27 Umma is de islamitische geloofsgemeenschap

## MOSKEE IN DE ZELESTRAAT

Na de moeilijkheden in de kleine moskee scheurde zich een groep Berbers en een groep mensen met een Arabische achtergrond af, zij stichtten een moskee in de Zelestraat.

Het hoeft niet gezegd dat er onmiddellijk een strijd tussen de twee moskeeën ontstond, die beide hengelden naar de gunst van de gelovigen.

Zo trachtte men in het nieuwe moskeebestuur vertegenwoordigers op te nemen van de zeven stammen die in Mechelen verbleven. Dit was zeer moeilijk en leidde tot grote spanningen. Ik heb me laten vertellen dat de spanningen zo hoog opliepen, dat er fysiek geweld aan te pas kwam, weliswaar beperkt, maar toch.

Men had een nieuw lokaal en bestuur, nu nog een imam. Een klein groepje conservatieve Berbers wou terug een Berber-imam. Dit stuitte op verzet, wegens slechte ervaringen met de imam van de kleine, oude moskee. Er waren verschillende kandidaten, doch geen voldeed aan de eisen van het bestuur.

Na lang overleg kwam men tot het een besluit dat men zou kiezen voor een jonge imam afkomstig uit Marokko en van Arabische origine, geen Berber dus. Buiten het feit dat hij jong moest zijn, diende hij ook ongehuwd te zijn.

Als we de voorwaarden even overlopen, kunnen we ons van de indruk niet ontdoen dat het moskeebestuur een kneedbare imam wenste. Dit werd me later ook wel bevestigd, vanuit de gemeenschap.

In de lente van 1982 werd Mohamed Bouzakoura aangesteld als imam van de moskee.

De imam was een bescheiden, warme man, die zijn uiterste best deed om de gemeenschap goed te leren kennen.

Hij hield zich enkel met geloofszaken bezig en liet het wereldse over aan de moskeeraad. Ondanks deze houding had de brave man het soms wel heel moeilijk, werd me verteld.

We hebben als politie uitstekend samengewerkt met imam Bouzakoura, niet in deze beginperiode, maar later in de Al Buraq-moskee. We komen hier uitgebreid op terug in het hoofdstuk Al Buraq.

In 1984 huwde imam Bouzakoura en werd het gezin gezegend met enkele prachtige kinderen, die ondertussen reeds volwassen zijn.

Er was tussen de twee moskeeën een hevige concurrentiestrijd met als inzet de gunst van de gelovigen. Persoonlijke aanvallen en verdachtmakingen werden niet geschuwd; we gaan hier niet verder op in, om geen oude wonden open te rijten binnen de ummah.[28]

Zo was er een bittere strijd tussen beide inzake de sjard[29]. In de nieuwe moskee in de Zelestraat diende men per gezin per jaar 3500 frank te doneren. Er werd een lijst openbaar gemaakt met de sjard-betalers, hierdoor wist de gemeenschap wie mild was voor God ...

In de moskee van de Korte Penninckstraat werd geen minimumbedrag voor de sjard opgelegd, iedereen mocht geven wat hij wilde. Men had in deze moskee ook veel minder onkosten.

Later in het onderdeel Al Buraq komen we terug op de financiële huishouding van een moskee.

Algauw bleek ook de moskee in de Zelestraat te klein en diende men opnieuw op zoek te gaan naar een nieuwe plek. Eind jaren 80 vond men een nieuwe locatie, de Al Buraq-moskee in de Generaal de Ceuninckstraat.

We kunnen stellen dat de moskee in de Zelestraat van weinig historische waarde was.

---

28 Ummah is islamitische gemeenschap
29 De sjard is een verplichting voor gelovigen in de islam om geld te geven aan goede doelen. Van dit geld werden toentertijd de imams betaald. De rest van het geld werd aangewend voor de moskee en de gelovigen.

## MOSKEE EL BURAQ IN DE
## G. DE CEUNINCKSTRAAT[30]

De moskee van de Zelestraat was snel te klein voor het groeiend aantal gelovigen in de Mechelse regio en het bestuur diende op zoek te gaan naar een ander groter lokaal. Na een zoektocht van enkele maanden kwam men uit bij een leegstaand pand aan de Generaal de Ceuninckstraat 5 dat werd aangekocht.

Met eigen middelen werd de moskee door de gelovigen sterk uitgebouwd.

Vooraleer we dieper op de werking van een moskee ingaan, is het nodig te zeggen dat de imam instaat voor het religieuze aspect (preken, gebedsstonden, et cetera) al de rest van de werking wordt gedaan door het moskeebestuur. Dit kan men vergelijken met de christelijke kerk, waar de pastoor de geloofszaken regelt en de rest overlaat aan de kerkfabriek.

In de moskeeraad heeft de imam geen inspraak.

Zoals reeds gesteld is het gewoonterecht zeer belangrijk voor migranten van de eerste en tweede generaties. De Mechelse Maghreb-gemeenschap is hierop geen uitzondering. Dit gewoonterecht was en is als het ware de ruggengraat van de gemeenschap. Zo was er een groep die vond dat de moskeeraad moest samengesteld worden evenredig het aantal gelovigen per stam: het was een eerlijk principe volgens hen.

In de Mechelse regio hadden we de volgende stammen in orde van grootte: de mensen afkomstig van Beni Touzine (Berbers) vervolgens de mensen van Beni Bouyahi (Berbers), Beni Ouriaghel (Berbers), Sidi Slimane (Arabieren.), J'Baala (Arabieren) en Geulia (Berbers). Je zal merken dat mensen die niet uit Marokko afkomstig waren niet echt vertegenwoordigd waren in de moskeeraad, evenmin bekeerlingen. De bestuursleden werden

---

30 Al Buraq is een islamitisch, mythologisch lastdier waarmee de profeet van Mekka naar Jeruzalem reisde

dus verkozen door de Al Buraq-gemeenschap op voordracht van het bestuur. Deze handelswijze had voor- en nadelen. Zo hadden radicalisten weinig tot geen kans om tot een bestuursmandaat door te dringen. Ze hadden onvoldoende steun. Een nadeel was dat er steeds spanningen waren tussen de bestuursleden, die voornamelijk het beste voor hadden met hun eigen stam, met de anderen iets minder.

In 2005 werd gedacht aan de uitbouw van de moskee en werd de optie tot een minaret genomen. De buurt had wat bezwaren tegen de uitbreiding van de moskee uit schrik voor overlast. Na overleg en met huis-aan-huis-buurtbevraging werd een modus vivendi uitgewerkt om de overlast tot een minimum te beperken.

Als cel Vreemdelingen van de lokale politie hadden we een goede relatie uitgebouwd met het moskeebestuur. Op regelmatige tijdstippen hield onze inspecteur H. zitdag in de moskee, na het vrijdaggebed. Deze zitdagen waren als het ware van goudwaarde op politioneel vlak. Het was onze vinger aan de pols van de Mechelse Maghreb-gemeenschap. Niet iedereen kon onze aanwezigheid in de moskee smaken, niet op politioneel vlak, noch bij een kleine minderheid gelovigen. De redenen hiervoor waren divers. De meest opvallende waren: kortzichtige domheid, wantrouwen en racisme. Ondanks de tegenwerking langs beide zijden, bleven we naarstig en standvastig voortdoen. Soms waren onzen relaties niet optimaal, maar met overleg en wederzijds respect en vertrouwen kwamen we meestal tot constructieve oplossingen waar we beiden beter van werden. We kregen mettertijd een uniek inzicht in de structuur van de moskee en de wereld "rond de moskee".

Zo kregen we een zicht op de financiën van de moskee die haar inkomsten haalde uit: (in orde van grootte)

» de sjard; een bedrag[31] dat door een gelovig gezin per jaar aan de moskee wordt gestort.
» giften van gelovigen.

We onderscheiden hier twee soorten:

Kleine giften worden gegeven bij een gebeurtenis in het persoonlijk leven zoals een geboorte. De orde van grootte is tussen enkele euro's en enkele tientallen euro's. In de maand ramadan geven de gelovigen een bedrag van maximaal twintig euro, dit geld wordt verzameld en elke avond wordt van het geld een maaltijd bereid voor dertig à veertig armen.

Grote giften worden gegeven tijdens de jaarlijkse drie grote islamitische feesten, zijnde de nacht van de verzoeking[32], het Suikerfeest en het offerfeest.

De giften zijn hier groter en afhankelijk van de status van de gelovigen binnen de gemeenschap. Soms worden ook juwelen gegeven, die dan binnen de gemeenschap worden geveild en de opbrengst is ook voor de moskee.

» schoolgeld.

Dit is een democratisch bedrag dat door iedere leerling van de moskeeschool wordt betaald. Indien het schoolgeld niet wordt betaald, wordt het kind nooit van school gestuurd. Het geld wordt gebruikt voor de school en het onderhoud ervan.

---

31 *Dit bedrag verschilt van moskee tot moskee. In sommige gevallen is er een vorm van concurrentie door de sjard iets lager te bepalen dan een andere moskee in de stad. De bedragen liggen onder de 100 euro per gezin per jaar, maar als men wil mag men meer geven. De sjard-betalers worden opgenomen in een lijst. Er is een kleine minderheid van de gelovigen dat niet kan of wil betalen, doch dit is de minderheid.*
32 De nacht van de verzoeking is de 27ste nacht van de maand ramadan.

Het onderwijs wordt jaarlijks tijdens de maand ramadan gecontroleerd door een vertegenwoordiger van het Marokkaanse ministerie van Onderwijs. De gebruikte schoolboeken en leerprogramma's zijn gematigd malekitisch[33].

Verwezenlijkingen van de diverse moskeebesturen zijn:

» een moderne en goed uitgeruste moskee uitgebouwd, met een mannenafdeling en vrouwenafdeling, mooie klaslokalen, een begin van administratie en een mortuarium waar stoffelijke resten in een moderne koelcel worden bewaard.

Men kan gerust stellen dat de opeenvolgende besturen van deze moskee betrouwbaar en loyaal naar de samenleving waren. Zonder externe steun hebben ze een volwaardige moskee uitgebouwd. Gelovigen met een radicaal gedachtengoed vonden totaal geen voedingsbodem in de moskee. Ondanks verschillende pogingen lukte het hen niet vaste voet aan de grond te krijgen.

Het feit dat in Mechelen het jihadisch salafisme geen ingang vond is naar mijn bescheiden mening te danken aan het beleid van de Al Buraq-moskee en aan het tweede bestuur van de Mechelse moskee.

In het eerste decennium van de 21e eeuw ging de politiek echt belangstelling tonen voor de multi-culturaliteit. Men realiseerde zich plots dat in een provinciaal nest als Mechelen quasi 25 à 30 procent van de Mechelse bevolking van vreemde origine was. In Mechelen zijn drie grote gemeenschappen aanwezig. In orde van grootte: de Maghreb-gemeenschap, de Assyrische gemeenschap en de Armeense gemeenschap. Men kon deze goudmijn aan stemmen niet laten liggen en de Al Buraq-moskee en het in dezelfde straat gelegen Vlaams-Assyrisch[34] centrum werden

---

33 Malekitisch is één van de vier rechtsscholen in de islam.
34 Deze Assyrische gemeenschap zou de grootste gemeenschap zijn van West–Europa. Deze info werd verkregen van een veiligheidsdienst.

gefrequenteerd door politici in de hoop zoveel mogelijk stemmen te werven.

Of de verschillende gemeenschappen met vreemde roots momenteel baat bij deze evolutie gehad hebben zal de toekomst uitwijzen. Eén ding is zeker: ze hebben zich zeker niet "hard to get" opgesteld, wel in tegendeel. Alle politieke partijen hebben nu belangstelling van de gemeenschappen met vreemde roots, met uitzondering van het Vlaams Belang.

Ook binnen de Al Buraq-moskee was men te zwak om het maximale uit de belangstelling van de politiek te halen.

Er waren binnen het bestuur spanningen wegens een generatiekloof tussen enerzijds de oudere generatie die vasthield aan het oude gewoonterecht en anderzijds de jongere generatie die vernieuwing wilde.

Wij van de cel Vreemdelingen volgden vanop de eerste rij de strijd, zonder erin tussen te komen.

Een aantal van de jongeren was veel beter opgeleid dan de oude garde en deinsde er niet voor terug om, laten we zeggen, Machiavellistische middelen te gebruiken. Ze richten toen het comité voor verbetering op.

Later zouden sommigen van deze jongeren opkomen in de gemeenteraadsverkiezingen bij de partij B One; zij behaalden een zeer behoorlijk resultaat.

Midden deze machtsstrijd werd in oktober 2013 nog een boycot van het offerfeest aangekondigd door het bestuur van de Al Buraq-moskee. De reden hiervoor was dat het gemeentebestuur van Mechelen plots een nieuwe belasting hief van 15 euro per geslacht schaap. Deze belasting diende alleen betaald te worden door de moslims en kon niet deels verhaald worden op de kwekers van de schapen. Gezien de onderhandelingen tussen het stadsbestuur en het moskeebestuur geen uitkomst boden, werd de boycot uitgeroepen. Deze actie kreeg nationale bekendheid.

Sommige mensen van de jonge garde gingen zover een fatwa te vragen aan de Nederlandse salafistische haatprediker Salam Mohamad over de boycot van het offerfeest. Na de commotie over het offerfeest nam de intensiteit van spanningen tussen de partijen niet af. De jonge garde kon schijnbaar rekenen op de steun van het stadsbestuur. Deze bestuursleden waren de oppositie tegen de belastinginvoering tijdens het offerfeest niet vergeten. In opdracht van de hoogste politieleiding werden de spanningen tussen beide groepen wekelijks gevolgd en besproken. Deze monitoring gebeurde naar aanleiding van een klacht van de toenmalige voorzitter van de moskeeraad. Hij werd in de pers beschuldigd van ernstige wanpraktijken en dictatoriaal gedrag. De cel Vreemdelingen werd verweten een lange arm te zijn van de voorzitter.

Een gerechtelijk onderzoek leverde niets op lastens de gewezen voorzitter. Het comité voor verbetering bleek niet in staat enig bewijs te leveren van de zogenaamde wanpraktijken.

Intussen was er een nieuwe jonge imam aangesteld ter vervanging van de imam Bouzakoura, die was aangesteld in een erkende Brusselse moskee.

De jonge, aangestelde imam zou een tijd later aangehouden en veroordeeld worden. Het dossier is gekend in de pers als dit van de valse geloofsattesten. De toenmalige imam wou voor zijn broer, een voornaam lid van de organisatie Way of Life, de opvolger van Sharia4Belgium vervalste geloofsattesten laten opmaken. Het spreekt voor zichzelf dat deze imam ontslagen uit de moskee Al Buraq.

Een interreligieuze bijeenkomst tussen moslims en christenen ter nagedachtenis van de slachtoffers van de aanslagen in Parijs was de laatste bestuursdaad van het oude bestuur. In de Al Buraq werd een bidstonde gehouden voor de slachtoffers van de laffe aanslagen in Parijs, dit in aanwezigheid van hulpbisschop Lemmens. Het was de bedoeling dat daags nadien in de Sint Janskerk in Mechelen een christelijke bidstonde zou gehouden worden in aanwezigheid van een delegatie moslims.

In de uren tussen deze twee gebedswakes in, verschenen ad valvas een dreigbrief in het Arabisch waarin gesteld werd dat een bedienaar van de christelijke eredienst niet in de moskee binnen mocht komen. Tevens werd gedreigd dat niemand op de bijeenkomst van de christenen mocht zijn. Door de cel Vreemdelingen werd onmiddellijk een proces-verbaal opgesteld. De burgerlijke en gerechtelijke autoriteiten werden onmiddellijk in kennis gesteld.

Tijdens de christelijke herdenkingsdienst werd in- en buiten de kerk zwaar toezicht gedaan, doch van de dader(s) werd niets opgemerkt. De islamitische radicalisten die toen actief waren rond de Al Buraq-moskee hadden hun doel bereikt. Niemand van de gemeenschap waagde het deel te nemen aan de christelijke herdenkingsdienst in de Sint–Janskerk.

De druk op het moskeebestuur was ondertussen zo groot geworden dat een deel daarvan besloot zich terug te trekken.

De toenmalige voorzitter Al Hassan Mesbah nam moe-getergd en ontgoocheld ontslag.

Als we dan terugkijken op deze periode kunnen we zeggen dat er een meerwaarde was op politioneel vlak op de volgende punten:

» geleidelijk groeide het vertrouwen en wederzijds respect tussen politie (cel Vreemdelingen) en de gemeenschap
» we kregen kennis van de socioculturele –en religieuze achtergronden van de Maghreb-gemeenschap.
  Deze kennis was heel belangrijk om een optimale werking met de gemeenschap uit te bouwen.
» de cel Vreemdelingen en de toenmalige wijkpolitie waren het eerste laagdrempelige aanspreekpunt in de moskee.
» er was een goede en rechtstreekse communicatie met een groot deel van de gemeenschap.
  Zo bijvoorbeeld was het mogelijk dat via de preek van de imam politionele mededelingen werden gedaan. We wensen hier aan te stippen dat imam Bouzakoura voor deze werkwijze openstond.
» de cel Vreemdelingen vergaarde een schat aan zachte politionele informatie.
  Zo kregen we discreet kennis van het feit dat Mechelse jongeren werden uitgenodigd op een religieuze herdenkingsdienst van gesneuvelde Vilvoordse Syrië-strijders.

» Een ander voorbeeld was het feit dat we vernamen dat de Moslim Broederschap[35] probeerden voet aan de grond te krijgen in onze stad en ons land.

» Veel van deze zachte (ruwe) informatie werd strik persoonlijk gegeven. Het was en is voor ons nog steeds een erezaak dit vertrouwen niet te schenden.

» de werking van de moskee was voor onze diensten performant en open.

» de zogenaamde "oude garde van het gewoonterecht" was een sterk wapen tegen het islamisme dat gebruik maakte van het salafisme. In het algemeen zeker tegen het jihadisch salafisme.

## DE MECHELSE MOSKEE AAN DE G. GEZELLELAAN

In het voorjaar van 2006 merkte onze wijkagent Roger V.D. een man op die vanop de brug over de Dijle aan de Guido Gezellelaan uitgebreid foto's aan het nemen was van het complex waar vroeger de handelszaak Superconfex gevestigd was.

Deze handeling trok onmiddellijk de aandacht van onze opmerkzame wijkagent die direct overging tot een identificatie van de fotograaf. Later bleek dat deze man de toekomstige voorzitter was de aldaar nog te stichten moskee.

Tijdens een gesprek met de man vernam de wijkagent dat de moslimgemeenschap van plan was in de oude gebouwen van de firma Superconfex een moskee op te richten.

In het najaar van 2006 opende de moskee officieel zijn deuren, hij kreeg de naam de Mechelse Moskee, sommigen noemden hem ook de Al Sunna moskee. De moskee in de Lan-

---

35 Dit was in de periode dat Mohamed Morsi in Egypte in 2012 de verkiezingen had en gewonnen en er president werd.

ge Penninckstraat zou gesloten worden en vervangen door de Mechelse moskee.

Vermits de moskee de opvolger was van deze uit de Lange Penninckstraat bestond ook het eerste bestuur voor het overgrote deel uit Berbers. Het hoeft niet gezegd dat er onmiddellijk een concurrentie was met de Al Buraq-moskee.

We moeten zeggen dat het eerste bestuur geen voorbeeld was van performant bestuur, wel integendeel: het omgekeerde. Misschien was dit een beetje te wijten aan het feit dat er sterk werd gehouden aan het gewoonterecht, door vele Berbers van de oude generatie. Feit is dat de moskee snel en goed werd uitgebouwd door het eerste bestuur. Na enkele jaren ontstond er een spanningsveld met een groepje jongeren die een radicaal gedachtengoed nastreefden, men mag het gerust salafisme noemen.

De spanningen bereikten in 2012 hun hoogtepunt en de jongeren scheurden zich af van de moskee.

Een tijdje hadden deze afgescheurde jongeren geen echt onderdak.

Deze spanningen hadden ook grote invloed op het bestuur van de moskee, enkele leden traden mettertijd terug.

In het najaar 2012 kregen we kennis van een zeer merkwaardig feit dat zich had voorgedaan in de moskee en dat zou leiden tot de volledige implosie van het eerste bestuur van de Mechelse moskee.

## KINDERPORNOGRAFIE

*In herfst van 2012 stapte een vooraanstaand figuur van de Mahgreb-gemeenschap mijn bureel binnen met het verzoek me dringend en vertrouwelijk te spreken. Ik kon toen niet vermoeden dat dit voorval me lang zou achtervolgen tot na mijn pensionering. Bondig geschetst kwam het hierop neer. De man die ik professioneel kende, kwam me melden er in de moskee kinderpornografie was gevonden op de harde schijf van een computer van de moskee. Als bewijs liet hij me enkele onduidelijke beelden zien op het kleine schermpje van zijn gsm. We zagen hierop beelden van naakte jonge vrouwen, (meisjes) in verschillende poses. 'Men' had deze stiekem gefilmd toen 'men' op de computer naar de porno aan het kijken was, luidde het. Er werd alzo gehandeld om bewijsmateriaal te hebben ... vreemd verhaal. Terloops werd nog medegedeeld dat een bedrag van 25.000 à 30.000 euro werd gestolen uit een kaftan. Dit geld zou hierin verstopt geweest zijn. Het geld zou afkomstig zijn van een illegale man, die gevraagd had het geld voor hem te bewaren. De melder stak een beschuldigende vinger uit naar de toenmalige imam, die reeds ontslagen was.*

*De melder eiste uitdrukkelijk een onderzoek en deelde nog mede dat hij thuis de computer van het merk Dell had, met op de harde schijf de kinderporno.*

In een post-Dutroux-tijdperk en nog niet helemaal bekomen van een Operatie Kelk[36] waren dit delicate feiten om te onderzoeken.

We hebben toen een informatieonderzoek ingesteld en we kunnen melden dat er op de harde schijf van de computer inderdaad zware kinderpornografie werd gevonden, waaronder twee detailbeelden van verkrachtingen van minderjarigen en veel puur pornografische afbeeldingen.

We komen later nog uitgebreid terug op dit feit.

Na deze zeer turbulente periode trad gelukkig een nieuw en krachtig bestuur aan met een voorzitter die uit het goede hout gesneden was.

De voorzitter zette samen met zijn nieuw bestuur orde op zaken en de vroegere imam werd terug in eer hersteld en opnieuw in dienst genomen.

De Mechelse moskee herleefde en werd een belangrijke actor in de Mechelse islamitische gemeenschap.

---

36 Operatie Kelk was een gerechtelijk onderzoek naar seksueel misbruik in de Kerk. Het zwartepunt van dit ondrzoek was toen in Mechelen, met de huiszoeking op het aartsbisschoppelijk paleis.

## AL IKHLAAS MOSKEE
## AAN DE TERVUURSESTEENWEG
## IN ZEMST–HOFSTADE

In 2013 werd een moskee met de naam Al Ikhlaas opgericht juist over de grens tussen Mechelen en Hofstade aan de Tervuursesteenweg nummer 7. De inplanting van de moskee was strategisch goed gezien, in een uithoek van de gemeente Hofstade, doch sterk gericht op Mechelen-Zuid. We merken op dat de moskee, slechts op enkele kilometers in vogelvlucht gelegen was van Vilvoorde en iedereen wist wat daar gebeurde bij het uitbreken van het Syrisch drama.

De oprichters van deze moskee waren de jongeren die zich afgescheurd hadden van de Mechelse moskee.

Aanvankelijk deden de oprichters eigenaardig, het pand zou een stichting worden met een sociale en opvoedende functie. Men was zeker niet performant, wel in tegendeel; alles werd heel erg afgeschermd. Feit was, dat op het adres een bidruimte was ingericht en er op vrijdag door gelovigen gebeden werd.

Bij de buurtbewoners ontstond er in den beginne wat consternatie, en ze startten een petitie tegen het project.

Op het overleg van de bestuurlijke overheden op het gemeentehuis van Hofstade-Zemst en later op het stadhuis van Mechelen waren we aanwezig. Er werd het voorstel van de Mechelse burgemeester aanvaard. Dit hield in dat de gemeente Zemst zou gebruik maken van zijn voorverkooprecht om zo het pand te verwerven. Deze procedure kon lang aanslepen en was niet onmiddellijk probleemoplossend.

Als politiediensten gingen we in de eerste fase de activiteiten observeren en registreren van de stichting, dito moskee. We werkten op dit niveau samen met de lokale *politie van de zone Zemst-Hofstade en met de federale politie van Asse.*[37]

*De signalen die we op politioneel vlak ontvingen* waren ronduit zeer verontrustend. Uit verschillende steden vertrokken toentertijd jongeren naar Syrië om er zich aan te sluiten bij groeperingen die tegen Al Qaïda aanleunden.

*Deze signalen betroffen:*

» *een oproep tot actieve deelname aan de strijd in Syrië.*
» *de daders van de Parijse aanslagen werden in beperkte kring verheerlijkt en de daders werden geprezen voor hun moed.*
» *een deskundige uit de islamitische gemeenschap bevestigde ons formeel dat een groepje binnen Al Ikhlaas aanhangers waren van het salafisme, ja zelfs neigden naar het jihadisch salafisme.*
» *de fondsenwerver Tarik ibn Ali een vooraanstaande lid van Saharia4Belgium, hield geldinzamelingen voor de moskee.*
   *Deze geldinzamelingen brachten verschillende tienduizenden euro op. De ophalingen werden gefilmd en op YouTube geplaatst. Deze man was bij verschillende politie- en veiligheidsdiensten gekend als haatprediker.*
» *mogelijk waren stichtende leden van deze moskee betrokken in het kinderporno dossier.*
» *op het facebook-account van Al Ikhlaas verschenen toen ook berichten, die getuigden van een sterke onverdraagzaamheid naar andersdenkenden, bijvoorbeeld de christenen.*
» *er kwamen ook bindingen aan het licht met Nederland, meerbepaald met vader en zoon Salaam, Mohamad en Salaam, Suhayeb. Beiden zijn gekend bij de Nederlandse veiligheids- en politiediensten als salafyya.*

---

37 De federale politie Asse had toentertijd een politieman die in Vlaams-Brabant de moskeeën opvolgde

Alle informatie werd gebundeld in rir-rapporten en overgemaakt via de politionele voorgeschreven kanalen.

Onder impuls van de cel Vreemdelingen werd aangedrongen op een arrondissementeel overleg tussen de arrondissementen Mechelen en Halle- Vilvoorde, dit in het kader van het plan R–radicalisme. Tijdens deze vergaderingen werden goede afspraken gemaakt tussen de politiediensten van de arrondissementele politiezone teneinde het fenomeen goed op te volgen.

We wensen hier ook wel te stellen dat niet alle gelovigen die de moskee Al Ikhlaas bezochten salafistisch of radicaal waren. Wel in tegendeel; het overgrote deel van de gemeenschap ging gewoon bidden in de moskee.

Voor alle duidelijkheid :we omschrijven deze moskee niet als salafistisch. We stellen wel dat in de beginperiode er een groepje salafisten met gevaarlijke ideeën actief was. Met hun activiteiten stelden ze zichzelf en de ganse geloofsgemeenschap in een slecht daglicht.

We hadden graag nog verder bericht over deze moskee, maar tot onze grote spijt deden er zich binnen het korps plots zaken voor, waardoor het verder werken niet meer mogelijk was. Maar hierover zullen jullie verder in het boek wel meer vernemen.

# III

# RACISME & DIVERSITEIT BIJ MECHELSE POLITIE

## RACISME, DISCRIMINATIE, EN HAATMISDRIJVEN – BEGRIPSBEPALINGEN

Voor alle duidelijkheid is het misschien nodig dat korte en duidelijke begripsomschrijvingen worden gegeven van racisme, discriminatie en aanzetten tot haat.

» Racisme is het discrimineren op basis van volgende gronden: nationaliteit, huidskleur en etnische afkomst.
» Discriminatie is het ongelijk of oneerlijk behandelen van een ander persoon op basis van die zijn persoonlijke kenmerken. Men kan mensen discrimineren op volgende vlakken: Ras, geloof of levensbeschouwing, handicap, leeftijd, seksuele geaardheid, gender en inkomen en andere.
» Haatmisdrijf is het aanzetten tot haat, misprijzen, vijandigheid en of geweld ten opzichte van individuen of groepen.

## IS RACISME MEETBAAR BIJ DE POLITIE?

Ja, men kan racisme bij de politie gedeeltelijk heel objectief meten.

We moeten daarvoor het verbalisatiegedrag van een politie-ambtenaar onder de loep nemen. Hieruit kan men dan duidelijk een en ander afleiden.

De politie gebruikt het computerprogramma i.s.l.p.[38] om onder andere haar processen-verbaal te verwerken. Wel, binnen dit informaticasysteem kan men zeer specifieke opzoekingen gaan doen, men noemt deze opzoekingen querry's. In deze tool kan men verschillende parameters inbouwen, zodat het verbaliseringsgedrag van de politieambtenaar haarfijn ontleed kan worden. Uit dit gedragspatroon kan heel veel afgeleid worden. Uiteraard moeten steeds politiemensen betrokken worden bij deze ontleding. Omdat er de nodige nuances in acht moeten genomen worden.

Een tweede belangrijke factor is de omgang met het publiek. En ja, toegegeven, dit is de achillespees van de metingen. Dit meten is veel moeilijker en complexer.

Het fenomeen etnic profiling behoort zeker tot dit domein. Politiemensen gaan vaak over tot identiteitscontroles enkel op basis van etnische kenmerken en niet op feiten. In mijn loopbaan heb ik dit zeer dikwijls moeten vaststellen. Wanneer ik collega's achteraf vroeg waarom de controle nodig was, gaf een groot deel van mijn vroegere collega's toe dat ze een controle uitoefenden op basis van het uiterlijk van de gecontroleerde persoon. Ik moet wel opmerken dat de gender ook wel een rol speelde in deze controles. Dames van vreemde origine werden veel minder gecontroleerd op basis van hun etnische afkomst.

In het verleden heb ik verschillende malen meegemaakt, dat er gerichte controles werden uitgevoerd tegen overlast. De politieleiding en bestuurlijke overheid gebruikten de stelselmatige identiteitscontroles als een soort wapen tegen de overlastveroorzakers. Om deze controles op wettelijke leest te schoeien, machtigde de burgemeester de politie deze controles uit te oefenen binnen een bepaalde periode en plaats. Een schoolvoorbeeld hiervan waren de controles op het Oud-Oefenplein te Mechelen, dit gebeurde verschillende malen. Er werd dan beroep gedaan op "bewijslast-

---

38 Islp: Integrated Sytem for Local Police. Dit is het informaticasysteem waarmee de lokale politie werkt.

teams" die men speciaal uit Brussel liet overkomen. Deze teams voerden bikkelharde, maar correcte identiteitscontroles uit.

Mijn cel was nooit bij deze acties betrokken. Enkele dagen na zulk een actie gingen we vanuit onze cel steeds de impact van de harde controles opmeten, door met de jongeren te spreken. Uit onze gesprekken kwam duidelijk naar voren dat de segregatie tussen de politie en de jongeren alleen maar sterk toenam. Meer zelfs, een deel van de allochtone gemeenschap voelde zich door deze actie geviseerd.

Vaak werd de overlast sterk teruggedrongen door de leeg-stand en de verwaarlozing van de buurt (Oud Oefenplein) aan te pakken en veel minder door het harde politieoptreden. Het zal steeds een discussie blijven wat er voor de weerkerende rust zorgde: de bikkelharde controles of het aanpak van de leegstand en verwaarlozing. Momenteel zijn er binnen de maatschappij twee grote tendensen, namelijk zij die voor een open samenleving opkomen en zij die een gesloten samenleving willen.

Een goede politie moet boven deze stromingen staan, partij kiezen is uit den boze, wat verdomd moeilijk is. Voor politiemen-sen in het algemeen en zeker bij de eerstelijnspolitie is dit een zeer moeilijke opgave. Maar er bestaat een tool, die men inter-culturele sensitiviteit noemt.

Intercultureel sensitief wil zeggen dat je naar een cultuur kunt kijken zowel vanuit je eigen referentiekader als vanuit het referentiekader van de ander. Je verplaatst je naar de gedachte-wereld van de andere cultuur zonder je eigenheid te verliezen. Je moet daarvoor over een sterk respect en vertrouwen voor de andere beschikken.

De omschreven mindset leidt niet tot het opsluiten in je eigen cultureel referentiekader. Het betekent evenmin dat de eigen cultuur opgegeven wordt, wel integendeel, die andere cultuur leer je begrijpen en waarderen.

Met grote trots durf ik te stellen dat het overgrote deel van de voormalige cel Vreemdelingen van de lokale politie van Me-chelen-Willebroek deze mindset had. Er waren uitzonderingen, zeker, maar die bevestigden mijn stelling.

# POLITIEVAKBONDEN KLAGEN OVER RACISME BIJ DE POLITIE VAN MECHELEN (VOORJAAR 2016)

Medio mei 2016 verscheen in de gazet van Antwerpen een artikel onder de titel "Onderzoek racisme bij de Mechelse politie". Uit het artikel bleek dat het Mechels korps onder vuur kwam wegens vermeend racisme. In het artikel stond dat de politievakbonden N.s.p.v. en Sypol beschikten over gegevens die erop wezen dat er problemen waren geweest aangaande de omgang met politiemensen van vreemde origine. De korpschef verklaarde in de pers voorstaander te zijn van een doorlichting door comité P om zich te kunnen verdedigen tegen deze onterechte beschuldigingen. Hij verwees in het kwestige artikel naar het feit dat de stedelijke preventiedienst geen meldingen dienaangaande had ontvangen. Een opmerking: de toenmalige preventieambtenaar van de stad Mechelen was de schoonbroer van de korpschef en de familieband zorgde nu niet voor vertrouwen bij de politiemensen van vreemde origine.

Uiteindelijk werd niet gekozen voor het comité P, maar er werd geopteerd voor de federale dienst toezicht op de sociale wetten. Zeer merkwaardig als men weet dat deze dienst tussen 2007 en 2015 welgeteld één (1) dossier had opgesteld wegens discriminatie op de arbeidsvloer. Na een onvolledig en kort onderzoek in volle vakantieperiode werd het onderzoek afgesloten.

Midden augustus 2016 meldden de kranten dat de lokale politie van Mechelen – Willebroek volledig vrijgepleit was van racisme en pestgedrag.

Er werd dus niet gekozen voor een gedegen onderzoek door het Comité P, dat vertrouwd is met onderzoeken binnen de politie.

Een bijkomend element om het dossier van de politie Mechelen-Willebroek bij het comité P te laten onderzoeken was het feit dat deze dienst reeds bezig was met een onderzoek wegens

pesten met een discriminatoir oogmerk binnen de politiezone ...
Dit gebeurde na een klacht met burgerlijke partijstelling bij de
onderzoeksrechter. De klacht was van inspecteur H.A.

De verdachten in deze zaak zijn de korpsleiding.

## JOUW KLEUR STAAT ME NIET AAN
## (ZAAK JINNITH BEELS)

Om zijn besmeurd blazoen wat op te poetsen kon burgemeester
Somers de Antwerpse commissaris Beels Jinnith, diensthoofd van
de cel Diversiteit, overhalen om samen met enkele medewerkers
naar Mechelen te komen. Hun eerste taak was het project The For-
ce in goede banen te leiden en zo het blazoen weer op te poetsen
en de leegloop van politiemensen met vreemde roots te stoppen.

Iedereen weet ondertussen wel hoe deze zaak afgelopen is.
Collega Beels verliet Mechelen, na minder dan één jaar. Tijdens
haar korte verblijf in Mechelen werd Beels Jinnith geconfronteerd
met de welgekende racistische meme. Ook de medewerkers die ze
meebracht verlieten zwaar ontgoocheld Mechelen!

Burgemeester Somers zat andermaal verveeld met deze toestand en moest reageren. Hij had immers eerder in de pers luid
verklaard dat er geen racisme was in zijn korps. De schuldige
moest en zou hangen; dat stond buiten kijf! De korpsleiding 'was
andermaal kort van geheugen' en was vergeten te vermelden dat
ze op 24 juni 2015 langs hiërarchische weg per mail in kennis
was gesteld van mogelijk xenofoob gedrag van hoofdinspecteur
B.V.L. de verdachte in de zaak Beels. Er werd toen gevraagd tot
bijsturing van dat gedrag. Met deze opmerking werd helemaal
niets gedaan ... behalve doodgezwegen.

Na het incident met collega Beels volgde een nationale medi-
acampagne, de feiten werden uitgebreid uitgesmeerd in de pers.
Zelfs het satirische programma De Ideale Wereld wijdde er een
sketch aan.

Hadden de feiten gewoon niet via de gebruikelijke weg moeten behandeld worden en vanaf het eerste feit? Een deftig correct en volledig tuchtonderzoek en correcte bestraffing was hier aangewezen.

Het moet ook gezegd worden dat de verdachte hoofdinspecteur alle moeite van de wereld gedaan heeft om zijn fout goed te maken. Hij zag het foute van zijn handelen in en volgde vrijwillig een bijsturingstraject bij Unia.

Een andere politiezone was bereid de hoofdinspecteur in haar rangen op te nemen, ze hadden kennis van de feiten waarin hij betrokken was. Maar Mechelen verzette zich en gaf geen toelating tot zijn vertrek.

Hoofdinspecteur B.V.L. zocht contact met Jinnith Beels om de zaak uit te praten. Deze laatste was op het ogenblik van de vraag in volle verkiezingscampagne, maar stond niet weigerachtig. Ze zou de voormalige hoofdinspecteur later terug contacteren. Toen de leidinggevenden van het initiatief vernamen, liet mevrouw Beels weten dat haar was geadviseerd dat het contact op dat ogenblik niet gepast was ...?

Toen de zaak voor de rechtbank in Mechelen behandeld werd, was er opnieuw onmiddellijk nationale opschudding. Een groep van dertig Mechelse politiemensen vormde een "erehaag" voor hun collega. Deze zogenaamde erehaag was eerder een statement tegen de houding van de overheid en de wijze hoe deze zaak werd behandeld en niet ter goedkeuring van de feiten.

Barbertje moest en zou hangen en wie zijn hoofd boven het maaiveld durfde uit te steken zou weten tegen welke prijs! Deze boodschap werd in enkele sessies aan de manschappen bekendgemaakt na de eerste en laatste acte de résistance van het "erehaag"-vormende voetvolk. Alles werd terug stil, muisstil zelf.

Ik wens hier even op te merken dat de falanx van de stafmedewerkers wel mochten verschijnen op de zittingen van de politieraad als steun voor hun beschermheer. Op de raad werden vragen gesteld over de afhandeling van de zaak B.V.L.

Het was geen erehaag, maar een steunhaag voor de chef.

Wat zei Georges Orwell ook weer: "All animals are equal, but ..."

B.V.L. werd inderdaad snel ontslagen in alle stilte; dit in het voorjaar 2019. Er werd duidelijk niet gewacht op de uitspraak van het Hof van Beroep in Antwerpen.

Het tuchtcollege werd niet voorgezeten door de burgemeester, maar door een plaatsvervangster.

Op 6 juni 2019 maakte het Hof haar uitspraak kenbaar: "Vrijspraak!" Voor de tweede maal.

Wanneer journalisten aan de burgemeester om een reactie vroegen, gaf hij overduidelijk aan achter de eerdere beslissing tot ontslag te blijven staan.

We kunnen stellen dat de hoofdinspecteur fouten heeft gemaakt. Hij heeft uit deze fouten duidelijk geleerd. Zijn tuchtstraf was totaal niet in verhouding met de feiten.

B.V.L. had voortschrijdend inzicht en dat is positief.

## DE ZAAK HOOFDINSPECTEUR K.

Hoofdinspecteur K. is een jongeman met buitenlandse roots die ook naar Mechelen was gekomen om de diversiteit aan te zwengelen.

Hij stond goed aangeschreven werd geselecteerd om mee het radicalisme op te volgen in Mechelen en muteerde hierdoor naar de recherche.

Op de dag van zijn mutatie meldden zijn twee collega's, een hoofdinspecteur en een inspecteur zich collectief ziek. Van een collegiale ontvangst gesproken.

Het hoeft niet gezegd dat de werksfeer voor de nieuwkomer uitermate slecht was.

Er vond in opdracht van burgemeester Somers een bemiddeling plaats.

Deze bijeenkomst was één grote farce: nieuwkomer K. stond alleen tegen de coördinator van de recherche, met zijn officieren en zijn twee collega's op de werkvloer. NIEMAND van het gezelschap drukte hoofdinspecteur K. de hand ter verwelkoming.

Het hoeft niet gezegd dat deze bemiddeling tot niets leidde.

Niemand diende tuchtvlakverantwoording afleggen.

We wensen hier even een vergelijking te maken met de zaak van hoofdinspecteur B.V.L. die zich even hiervoor afspeelde. Als je het mij vraagt, noem ik deze laatste zaak discriminatie in bende, met verzwarende omstandigheden ...

Wat later zou ook hoofdinspecteur K. terug naar Antwerpen vertrekken.


Voor burgemeester Somers was het dweilen met de kraan open. Ondanks zijn mediacampagnes kon hij het tij niet keren. Na een zelf besteld onderzoek bij de arbeidsinspectie tweette de burgemeester triomfalistisch dat zijn korps een model was op het vlak van diversiteit ... Sta me toe deze bewering als Trump-fiaans te omschrijven.

Tijdens de verkiezingscampagne voor de gemeenteraadsverkiezingen gaf de burgemeester ridderlijk toe dat de diversiteit bij de lokale politie een pijnpunt was en is in zijn beleid.

Deze piepkleine toegeving is een eerste stapje, zeker niet genoeg: als bestuurlijk hoofd van de politie draagt de burgemeester de volle politieke verantwoordelijkheid voor deze wantoestand.


## IS DE MECHELSE POLITIE RACISTISCHER DAN ANDERE KORPSEN?


Dat is nu de vraag die iedereen wil beantwoord zien.

Ik kan geen onderbouwd antwoord geven op de vraag; niet positief, niet negatief.

In het kader van dit boek had ik een vraaglijst opgesteld en deze via mail aan mijn contactpersoon bij Unia overgemaakt. Tevens vroeg ik om een gesprek over de evolutie in de politiezone

Willebroek Mechelen te hebben. Tot op heden ben ik nog op een antwoord aan het wachten ...[39]

We waren echt benieuwd naar de resultaten van het onderzoek en de begeleiding door Unia. Dus, geen onderbouwde bevindingen door specialisten. Maar soms is geen antwoord het duidelijkste antwoord.

Bij gebrek aan onderbouwde stellingen moeten we noodgedwongen kiezen voor persoonlijke ervaringen, dit met het risico op subjectiviteit. Dus gaan we geen opsomming geven van het aantal voorvallen waarvan we kennis hadden, we kennen ze zeker niet allemaal in de juiste context en dus is onze beeldvorming subjectief.

Tijdens mijn meer dan 37-jarige loopbaan als politieofficier hier in Mechelen, heb ik de toestand op het vlak van racisme, discriminatie en diversiteit zien evolueren.

In de jaren 60, 70 en 80 van de vorige eeuw zou ik het fenomeen racisme en discriminatie kunnen omschrijven als voorhoofs[40] (direct, ongenuanceerd); later werd dit hoofs racisme (subtiel en indirect), mede door de wetgeving die ontstond.

Diversiteit kunnen we kort omschrijven als een "laatkomertje" dat pas in de eenentwintigste eeuw maatschappelijk stilaan ingevoerd werd. Maar echt aanvaard?

Ik durf te stellen dat de zogenaamde vox populi zeker niet van diversiteit getuigt, wel in tegendeel.

Men kan gerust stellen dat een politiekorps een afspiegeling is van de maatschappij.

We moeten niet aan struisvogelpolitiek doen, de onverdraagzaamheid naar mensen met een vreemde origine neem toe. De haat gezaaid in vorige eeuw, door sommigen, levert nu een vergiftigde oogst op, die maatschappelijk verziekend werkt.

Natuurlijk gelden deze conclusies niet voor iedereen, het lijkt ons van ondergeschikt belang hoe groot of klein de groep

---

39 Er werd één herinnering gestuurd.
40 Voorhoofs en hoofs zijn termen uit de literatuur.

van racisten, of discriminatoren is. Het is veel belangrijker dat op een correcte, respectvolle en opbouwende manier gewerkt wordt door alle maatschappelijke actors. We zijn niet blind dat ook binnen de allochtone gemeenschappen op een gelijkaardige manier wordt gereageerd door een minderheid. Ook hier moet op een gelijkwaardige manier gewerkt worden.

Een tweede belangrijke factor is de omgang met het publiek. En ja, toegegeven, dit is de achillespees van de metingen. Dit meten is veel moeilijker en complexer.

Het fenomeen etnic profiling behoort zeker tot dit domein. Politiemensen gaan vaak over tot identiteitscontroles enkele op basis van etnische kenmerken en niet op de feiten.[41]

In mijn loopbaan heb ik dit zeer dikwijls moeten vaststellen. Wanneer ik hen achteraf vroeg waarom de controle nodige was gaf een groot deel van mijn vroegere collega's toe dat ze een controle uitoefenden op basis van het uiterlijk van de gecontroleerde persoon. Ik moet wel opmerken dat de gender ook wel een rol speelden in deze controles. Dames van vreemde origine werden veel minder gecontroleerd op basis van hun etnische afkomst.

Ik heb verschillende malen meegemaakt, dat er gerichte controles werden uitgevoerd tegen overlast. De politieleiding en bestuurlijke overheid gebruikten de stelselmatige identiteitscontroles als een soort wapen tegen de overlastveroorzakers. Om deze controles op wettelijke leest te schoeien, machtigde de burgemeester de politie de controles uit te oefenen binnen en bepaalde periode en plaats. Een schoolvoorbeeld hiervan waren de controles op het Oud-Oefenplein. Er werd dan beroep gedaan op "bewijslastteams" die men speciaal uit Brussel liet overkomen.

Mijn cel was nooit bij deze actie s betrokken. Enkele dagen na zulk een actie gingen we vanuit onze cel steeds de impact van

---

41 De wet op het politieambt uit 1994 bepaalt dat er voor een identiteitscontrole een duidelijke reden moet zijn. Er mag bijgevolg geen willekeur meer zijn.

de harde controles opmeten, door met de jongeren te spreken. Uit onze gesprekken kwam duidelijk naar voren dat de segregatie tussen de politie en de jongeren alleen maar sterk toenam. Meer zelfs, een deel van de allochtone gemeenschap voelde zich door deze actie geviseerd.

Vaak werd de overlast sterk teruggedrongen door de leegstand en de verwaarlozing van de buurt (Oud Oefenplein) aan te pakken en veel minder door het harde politieoptreden. Het zal steeds een discussie blijven wat er voor de weerkerende rust zorgde: de bikkelharde controles of het aanpak van de leegstand en verwaarlozing. Momenteel zijn er binnen de maatschappij twee grote tendensen, namelijk zij die voor een open samenleving opkomen en zij die een gesloten samenleving willen.

Een goede politie moet boven deze stromingen staan, partij kiezen is uit den boze, wat verdomd moeilijk is. Voor politiemensen in het algemeen en zeker bij de eerstelijnspolitie is dit een zeer moeilijke opgave. Maar er bestaat een tool, die men interculturele sensitiviteit noemt.

Intercultureel sensitief wil zeggen dat je naar een cultuur kunt kijken zowel vanuit je eigen referentiekader als vanuit het referentiekader van de ander. Je verplaatst je naar de gedachtewereld van de andere cultuur zonder je eigenheid te verliezen. Je moet daarvoor over een sterk respect en vertrouwen voor de andere beschikken.

De omschreven mindset leidt niet tot het opsluiten in je eigen cultureel referentiekader. Het betekent evenmin dat de eigen cultuur opgegeven wordt, wel integendeel, dat andere cultuur leer je begrijpen en waarderen.

Met grote trots durf ik te stellen dat het overgrote deel van de voormalige cel Vreemdelingen van de lokale politie van Mechelen-Willebroek deze mindset had. Er waren uitzonderingen, zeker, maar die bevestigden mijn stelling.

Uiteraard was dit een groeiproces, dat kaderde in een langetermijnvisie.

# HET CENTRUM VOOR GELIJKE KANSEN – HET LATER UNIA[42]

Het centrum voor gelijke kansen en racismebestrijding werd opgericht onder de aansturing van Mevrouw Paul D'hondt in het voorjaar van 1993

De wettelijke opdrachten van het Centrum bestond uit twee pijlers:

» 1°- Discriminatie bestrijden en gelijke kansen bevorderen
» 2°- Waken over de grondrechten van vreemdelingen, de strijd tegen mensenhandel stimuleren en overheden informeren over de aard en de omvang van migratiestromen.

Doorheen de jaren werden de bevoegdheden van het Centrum verder uitgebreid naar 'niet-raciale' vormen van discriminatie. Het Centrum werd ook bevoegd om tussenbeide te komen op grond negationisme[43]-wetgeving.

Momenteel is Unia een internationaal mensenrechteninstituut. Ze werken interfederaal als kennis- en expertisecentrum aangaande discriminatie en diversiteit.

Aan de hand van deze summiere inleiding hebben de lezers een inzicht inzake de werking van Unia.

Als ouderdomsdeken van het Mechels officierenkorps en als voormalig diensthoofd van de cel Diversiteit heb ik kort na de affaire Beels/B.V.L. mijn verantwoordelijkheid genomen en een schrijven gericht aan Unia. Op dat ogenblik was ik met ziekteverlof en had dus geen rechtstreekse contacten

---

42 Unia is afgeleid van het Latijnse woord Unio wat eenheid, verbondenheid betekent.
43 Negationisme is het ontkennen of minimaliseren van een historisch algemeen aanvaarde gebeurtenis; bijvoorbeeld het ontkennen of minimaliseren van de holocaust

met het korps Mewi (politie Mechelen-Willebroek). Voor alle duidelijkheid: het schrijven was niet bedoeld als klacht. Het lag niet in mijn bedoeling om schuldigen aan de schandpaal te nagelen, wie het ook mochten zijn! In het verleden waren er problemen geweest op het vlak van racisme en discriminatie, zowel intern als extern. Dit valt niet te ontkennen. Het lag in mijn bedoeling dat er probleemoplossend gewerkt zou worden. Er moest niets onder de mat geschoven worden, want daar wordt niemand beter van.

## BAD PRACTICES IN MECHELEN

Tijdens onze jarenlange loopbaan bij de politie kwamen ik een aantal 'bad pratices' tegen. Hiervan enkele voorbeelden:

» 1°- Als leidinggevende bij de politie een politieman met allochtone roots per sms opdracht geven een interview aan een populaire krant te regelen. Uit dit interview zou moeten blijken dat er in het eigen korps totaal geen racisme was, dit in tegenstelling tot andere korpsen. Later verschool de leiding zich achter het feit dat de opdracht van de burgerlijke onschendbare overheid kwam ... flauw verweer zou ik zo zeggen. De burgemeester zou als topmarketeer zoiets doms nooit doen, daar zijn we van overtuigd.

Was het niet veel verstandiger geweest binnen de politiezone een grondig onderzoek laten doen, zowel intern als extern, door een gespecialiseerde instelling en vervolgens de onderzoeksresultaten opnemen in zijn beleid? Men zou dan wel open en eerlijk kunnen communiceren en zich niet verschuilen achter anderen of nog anderen de kastanjes uit het vuur laten halen.

» 2°- Een politieambtenaar van allochtone afkomst met een ernstig spraakgebrek werd als ordemaatregel aan de ontvangstbalie op het commissariaat geplaatst ...

Mensonterend en dom zullen sommigen zeggen en terecht.

Bijna elke firma en overheidsdienst zet goed opgeleide en welbespraakte mensen aan zijn onthaal. Want een receptie is als het ware het eerste visitekaartje van de organisatie ...

Als er dan al toch een ordemaatregel moest genomen worden, dan kon dit op een correcte en verstandige manier.

Er moet gezegd worden dat destijds bijna niemand heeft gereageerd tegen deze toestand ...

Z'n kop in het zand steken was gemakkelijker.

» 3°- Zo kreeg ik via de allochtone gemeenschap enkele facebookposts met racistische inslag overgemaakt.

Eén ervan handelde over het feit dat er in Borgerhout geen Marokkaanse naam kwam voor een plein. Een inspecteur uit het Mechels korps stelde in een post voor het plein Varkensplein te noemen ...

Een van de politiemensen met vreemde roots had de post gezien, maar vond de moed niet om het te melden. Hij vreesde de reactie binnen het korps en liet mij de post bezorgen via de gemeenschap.

Ik heb de posts overgemaakt aan Unia, voor onderzoek. Ik kreeg nooit enige feedback.

## THIN BLUE LINE BELGIUM

Eind augustus 2020 verscheen in Apache een artikel onder de titel: 'Racisme en aanzetten tot geweld in gesloten Facebookgroep van de politie.'

Uit het stukje van de onderzoeksjournalist bleek dat er een Facebookgroep bestond met de naam Thin blue line. De groep was een besloten groep waartoe enkel politiemensen in actieve dienst of gepensioneerde politiemensen behoorden. Het taalgebruik binnen de groep van een aantal mensen was grof, racistisch en kon soms begrepen worden als aanzetten tot geweld. Ik wil wel duidelijk maken dat niet alle leden van de besloten groep van hetzelfde gore allooi waren als de racisten. Maar wat ik de zwijgende meerderheid wel verwijt, is het feit dat ze hun mond hierover hielden en niet ageerden tegen hun collega's met een racistisch discours.

Deze houding verbaast me niet, ik ben immers gans mijn actieve loopbaan actief geweest bij de politie, en kon vaststellen dat de zwijgcultuur door de groepspressing (peerpressing) sterk aanwezig was. Na het instellen van de geïntegreerde politie werd dit fenomeen nog verder versterkt.

De commissaris-generaal van de politie reageerde bijzonder merkwaardig toen hij ondervraagd werd in de commissie Binnenlandse Zaken en Justitie over de Facebookgroep.

Hij deelde mee dat een kleine minderheid van het korps zich plichtig maakte aan deze feiten, slechts 1 (één) procent ... de groep bestond uit 6700 leden.

De één procent was wel een vorm van minimalisering van de feiten. De korpschef ging op zijn elan verder en verklaarde in de commissie dat zij die dit gedachtengoed hadden, beter van inzicht konden veranderen. Anders moesten de heren het maar afbollen.

Stel je even voor dat een rechter tegen een recidivist zou zeggen: 'Als de wet je niet aanstaat, bol het dan maar af.'

De vraag is of deze op deze manier het beleid gaat hervormd worden, ik vrees van niet. Het tegendeel misschien; het foute gedrag wordt hierdoor bevestigd.

# Knack

# ⊞ Racisme bij de Mechelse politie: 'Dit korps is compleet verrot. Vooral aan de top'

📖 Uit Knack van 03/01/2018 (/s/r/c/946047)  02/01/18 om 11:30  Bijgewerkt op 08/01/18 om 10:34  Bron : Knack

(//www.knack.be/nieuws/auteurs/jeroen-**Jeroen de Preter**
de-preter-2327.html)                          **(//www.knack.be/nieuws/auteurs/jeroen-de-preter-
                                              2327.html)** Redacteur Knack

**Ondanks herhaalde pogingen om het probleem in te dijken, wordt het politiekorps van
de zone Mechelen-Willebroek nog altijd geteisterd door incidenten met een racistische
inslag.**

# IV

# RADICALISERING IN MECHELEN

## ONDERZOEK IN 2007
## NAAR RADICALISME IN HET
## ARRONDISSEMENT MECHELEN
## DOOR C.S.D.[44] MECHELEN

In 2007 werd door strategisch analiste Goegebeur Ilse een studie uitgevoerd naar het religieus en het etnisch extremisme in het arrondissement Mechelen. Dit onderzoek werd uitgevoerd in opdracht van toenmalige dirco[45] hcp Jean-Claude Gunst en dirjud hcp De Vlieger, Stanny.

Uit de risicoanalyse bleek dat er in het arrondissement Mechelen twee mogelijke risico's waren, namelijk een religieus radicalisme (islamitisch) en etnisch radicalisme (Turks–Koerdisch)

De analiste concludeerde terecht dat de gevoeligheid van de problematiek een struikelblok vormde voor een efficiënte aanpak. Dit werd nog versterkt door het feit dat weinig politiemensen op het terrein enige voeling hadden met het thema radicalisme.

De bestuurlijke en gerechtelijke overheden zouden binnen het arrondissement één van de prioriteiten moeten maken.

Er was nog en lange weg af te leggen ...

---

44 C.S.D. staat voor: centrale steundienst is een afdeling van D.A.O. (directie algemene ondersteuning): betreft administratieve politie.
45 Dirco: hoofd administratieve politie (federaal); dirjud: hoofd van de gerechtelijke politie (federaal)

# VOORBEREIDING
## ONDERZOEK RADICALISME
## LOKALE POLITIE MECHELEN

In 2008 werd in de Britse pers gekopt: "1700 potentiële terroristen in de U.K. volgens de prestigieuze dienst M.I.5"[46]

In dezelfde periode verklaarde in ons land de flamboyante Glenn Audenaert in de media: "In België zijn 1000 jihadi."

Binnen de cel Vreemdelingen vroegen we ons af: is het werkelijk zo erg? Moeten we bang zijn en een islam-alarm proclameren? Als eerstelijnspolitie merkten we wel sedert enkele jaren merkwaardige verschijningen in het straatbeeld. Jonge mannen met onverzorgde lange baarden, met te korte broeken en lange gewaden. Enkele vrouwen waren gehuld in een chadors, niqabs en zelfs boerka's.

Vanuit de Marokkaanse gemeenschap kregen we in die tijd enkele signalen. Zo kwam een vrouw ons zeer vertrouwelijk vertellen dat ze thuis plots van haar man een boerka moest dragen, dit om het gewoon te worden ... Deze dame mocht van haar echtgenoot niet meer alleen naar buiten. De voordeur werd steevast op slot gedaan, als de heer des huizes naar buiten ging. Wanneer we de dame vroegen hoe ze dan toch tot op het commissariaat was geraakt, vertelde ze ons dat ze een reservesleutel had van de voordeur en zo toch buiten kon. Dit met de nodige risico's, want binnen de gemeenschap is sociale controle groot.

Vernoemd geval was geen alleenstaande zaak. Verschillende vrouwen meldden ons op straat te zijn aangesproken door onbekende jongemannen die opmerkingen maakten over hun kledij, in het bijzonder over het niet dragen van een hoofddoek.

---

46 M.I.5 is de Britse inlichtingendienst; geldt als één van de beste ter wereld.

De zaak opkloppen leek ons zeker geen goed idee, evenmin onze kop in het zand te steken. We besloten de zaak open-minded en zonder taboes te bestuderen.

Wie waren deze mensen, wat was hun drijfveer, waren ze gevaarlijk?

Om op deze vragen te kunnen antwoorden dienden we onze kennis te verrijken.

Binnen de cel was één van de inspecteurs de zoon van een imam, die perfect Arabisch sprak en zijn a.s.o.-studie in Marokko had gedaan. Van hem kregen we de noodzakelijke theoretische informatie. Verder zochten we nog naar kennis, die we voornamelijk bij onze noorderburen vonden. Hier bij ons was op dat ogenblik zeer weinig onderzoek gedaan en bijgevolg was er geen kennis voorhanden.

Na enig studiewerk kregen we inzicht in de geschiedenis van de Arabische wereld.

Het is noodzakelijk de grote lijnen van deze geschiedenis te kennen, hierdoor hadden we kennis van de spanningsvelden die er waren tussen de verschillende volkeren binnen de Arabische wereld. Vorige eeuw was een zeer belangrijke periode voor de Arabische volkeren. In het begin van de eeuw werd het koloniale juk afgeworpen en ontstonden er nieuwe staten en koninkrijken. Het ontstaan van de nieuwe staat Israël zorgde voor grote spanningen die tot oorlogen leidden. In Egypte ontstonden de groeperingen die de religie misbruikten om hun doel te bereiken We kunnen gerust stellen dat Egypte de bakermat is van het extremisme.

De Egyptenaar Sayyid Outeb[47] wordt nu nog steeds door extremistische groeperingen als één van de grondleggers van hun gedachtengoed beschouwd. Hij schreef verschillende boeken. De Mijlpalen is misschien wel één van zijn bekendste.

---

47 Sayyid Outeb werd in 1966 tijdens het presidentschap van Nasser ter dood veroordeeld en opgehangen.

Om het radicalisme goed te begrijpen was en is het dus nodig de politieke ontwikkelingen in de Arabische wereld te kennen en er rekening mee te houden.

Dit kunnen sommigen misschien raar vinden: politie, die politiek inzicht probeert te verwerven. Om het fenomeen radicalisme te begrijpen is het een conditio sine qua non! Dit geldt zeker nog meer voor het religieus aspect. Religieus extremisme is niets nieuws, we verwijzen hier naar de Inquisitie[48], die in onze gewesten lelijk huishield.

Nog iets verder in de geschiedenis hadden we de kruistochten, om het heilige graf te gaan bevrijden. In de naam van godsdienst mocht toen gemoord, geplunderd en verkracht worden.

We gingen ons dus verdiepen in de islam. Voor alle duidelijkheid: we bestudeerden de godsdienst met respect, maar wel kritisch. Na een tijd kenden we het belang van de koran, de categorieën van hadith, de vier rechtsscholen, de grote stromingen en de sub-stromingen binnen de islam. Het wahabisme, het salafisme en het jihadisme trokken al snel onze aandacht.

---

48 In de zestiende eeuw was Mechelen de plaats waar de zogenaamde Grote Raad zetelde en een schrikbewind voerde tijdens de 80-jarige oorlog. (Religieus geweld was toen schering en inslag )

We hebben zelfs onze stoute schoenen aangetrokken: eind 2007 brachten we een bezoek aan de grote moskee gelegen aan de eeuwfeestpaleizen te Brussel. Onze delegatie bestond toen uit de Arabisch sprekende inspecteur uit onze cel en een Eerste Substituut van het Mechels Parket. We werden ontvangen door een man die zich voorstelde als directeur van het cultureel islamitisch centrum. We kregen een uitgebreide uitleg over het centrum, dat een geschenk[49] was van ons vorstenhuis aan het vorstenhuis van Saoedi–Arabië.[50]

De man vertelde ons dat er verhoudingswijze gezien, veel Belgen zich bekeerden tot de islam. Er waren zelfs lessen in het Nederlands, die gegeven werden door imam Taouil uit Antwerpen. Wanneer we de directeur vroegen tot welke rechtsschool de islam die werd onderwezen behoorde, veranderde de sfeer. De man had plots veel minder tijd voor ons. Hij verwees naar een onderschikte, die de instructie kreeg ons een klas te laten zien en vervolgens naar de uitgang te begeleiden. En ja, welke rechtsschool het was kregen we niet te horen.

De voertaal was toen Frans, de instructies werden in het Arabisch gegeven, maar men had over het hoofd gezien dat één lid van onze delegatie hun Arabisch perfect verstond ...

---

49 Het islamitisch centrum en moskee was oorspronkelijk een paviljoen in Arabissche stijl en had de bedoeling de kennis van de Egyptische cultuurte promoten. In 1967 werd het paviljoen geschonken aan konings Faisal van Saoudi-Arabië uit erkentelijk voor zijn financiële steun aan de slachtoffers van de brand in de Innovation in Brussel.

50 Op het moment van de brand in de Innovation in de Nieuwstraat te Brussel op 22 mei 1967 was de Saoedische koning Faisal op bezoek in Brussel. Het Saoedische vorstenhuis zorgde voor een belangrijk financiële bijdrage aan België om het leed te helpen lenigen.
Uit erkentelijkheid schonk Koning Boudewijn een Oosters paviljoen uit de Wereldtentoonstelling van 1897 voor een periode van 99 jaar. Het gebouw werd gebruikt als een islamitisch centrum. Later zal het centrum zwaar in opspraak komen als centrum van het wahabisme. Het orgelpunt van het conflict was de getuigenis van de leider van het centrum voor de parlementaire onderzoekscommissie

Wanneer we deskundig, doch beleefd naar buiten waren gewerkt en in ons dienstvertuig het bezoek evalueerden, konden we zeggen dat deze mensen niet gewoon waren dat er vragen werden gesteld, enkel hun zienswijze telde.

Om het met een boutade te zeggen, hun werking en visie hulden zich in een boerka.

Dit bezoek was mijn eerste kennismaking met het wahabisme.

We maakten ons ook nog de bedenking dat bijna geen van onze Mechelse islamitische gelovigen bij deze elitaire mensen hun gading zouden vinden.

## DEMOGRAFISCHE GEGEVENS VAN MECHELEN

Gewapend met een beetje kennis van de geopolitiek over het Midden-Oosten, notities van de islam en goede kennis van de Mechelse Maghreb-gemeenschap kon onze "politionele jihad" tegen het radicalisme aanvatten.

Vooreerst gingen we uitzoeken hoeveel moslims er in onze politiezone verbleven. Concrete cijfers konden we hierover niet vinden. We konden wel vinden dat er in 2006 in België 420.000 moslims verbleven, waarvan 250.000 mensen van Marokkaanse afkomst en 140.000 van Turkse afkomst; het restant van 30.000 was hoofdzakelijk samengesteld uit mensen van Pakistan, Algerije, Tsjetsjenië en Somalië. In deze cijfers waren uiteraard de mensen die illegaal op het grondgebied verbleven niet meegerekend.

Voor de politiezone Mechelen konden we een raming maken. Voor 2006 kwamen we tot volgende resultaten:

» moslims ingeschreven op de bevolkingsdienst en moslims ingeschreven in het vreemdelingenregister: 5610
» aanvragen regularisatie: 337
» illegalen (schatting): +/- 2500
» genaturaliseerde moslims : 10.323
» bekeerlingen: enkele tientallen

——————————————————————

algemeen totaal: +/ 20.000

Voor alle duidelijkheid willen we er nog eens op drukken dat deze cijfers een raming zijn, het was enkel de bedoeling een beeld te hebben van de Mechelse moslimgemeenschap.

Mechelen en de fusiegemeenten hadden toen een bevolking van ongeveer 80.000 inwoners, we konden dus gerust stellen dat een op vier Mechelaars moslim was.

Voor alle duidelijkheid: we hebben niet enkel rekening gehouden met de nationaliteit maar ook met de etnische afkomst.

We hebben ons in de berekening enkel beperkt tot het bepalen van de moslims en zijn niet ingegaan op de andere gelovigen.

De tweede grootste groep inwijkelingen zijn mensen van Turks-Assyrische origine, ze belijden de christelijke godsdienst. We zijn ons ervan bewust dat de mensen zich als groep militant opstellen De Turks-Assyrische gemeenschap van Mechelen is de grootste van Europa[51]. We zijn ons ervan bewust, dat een kleine vonk vanuit het buitenland kan zorgen voor problemen. Het mogelijk radicalisme zal zeker niet een religieuze achtergrond hebben, eerder een nationalistische.

De derde grootste groep migranten zijn van Armeense afkomst, ze belijden het orthodoxe geloof. Ze zijn wat ons betreft de groep met het kleinste risico op radicalisme.

—————————————————

51  info van O.C.C.A.D.

Tenslotte hebben we in de politiezone groepjes migranten die uit risicolanden komen, zoals Afghanen, Pakistani, Tsjetsjenen, Algerijnen, Tunesiërs, mensen uit de Sahel. Ze zijn zeker niet zo talrijk als de drie grote groepen migranten.

Door hun geringe aantal zijn ze als groep geslotener en veel moeilijker te benaderen.

Sinds de oorlogen in Irak en Syrië zijn sedert 2013 een grote groep vluchtelingen afkomstig uit deze landen opgenomen in Mechelen. Het hoeft geen betoog dat deze vluchtelingen een groter risico vormen dan de andere groepen. Een aantal van hen heeft oorlogservaring. Dit gecombineerd met hun vluchtelingenstatus kan tot een onzekere toekomst lijden en hierdoor verhoogt het risico op radicalisering.

Zoals iedereen ondertussen al wel weet zijn er met de vluchtelingen IS-strijders mee naar Europa gekomen die hier aanslagen hebben gepleegd, zoals in Parijs.

Juiste cijfers over die inwijking zijn ons niet gekend.

## GEBRUIKTE METHODOLOGIE

Het is uiterst moeilijk om de graad van geloof binnen een gemeenschap te meten. Binnen de Maghreb-gemeenschap was dit nog moeilijker, gezien er bijkomende hindernissen waren. Vooreerst onze summiere kennis van het geloof zelf, de taalbarrière en de cultuurverschillen.

Om op het terrein werkbaar te zijn besloten we rond vijf parameters te werken.

Deze tool had enkel een functie als primitief werkinstrument. We waren er ons zeer van bewust dat het peilen naar iemands levensopvatting riskant was.

De vijf parameters betroffen:

» de kledij, bij mannen het dragen de zogenaamde moedjahe-
   dien kledij in combinatie met een lange, onverzorgde baard.
   Voor vrouwen het dragen van chador, niqaab, boerka.
» nazicht leefwijze in de woning. Kon snel uitgevoerd worden
   aan de hand van samenwoonstverslag.
» Welke moskee bezochten ze? Werd naar een moskee in Nederland (Tilburg) gegaan? Kregen ze bezoek van zielsverwanten?
   Voorbeeld gekende aanhanger van S4B.
» proberen te achterhalen welke websites er werden bezocht,
   en welke boeken (auteurs) gelezen. Wie waren hun favoriete
   geleerden, de zogenaamde sjeiks?
» tenslotte informatie uit de Maghreb gemeenschap zelf. Deze
   pijler was veruit de belangrijkste en werd het meeste gebruikt.
   En zal later de meest efficiënte blijken.

We willen uitdrukkelijk stellen dat de door ons opgebouwde
checklist niet wetenschappelijk onderbouwd was. Hij evolueerde
als het ware 'organisch' vanuit de praktijk.

We wensen ook aan te stippen dat het ontwikkelen van de
checklist gebeurde reeds lang voor de Syrië-kwestie.

De tool was werkbaar en stelde ons in staat toch reeds een
detectie uit te voeren.

Soms was het moeilijk om met jongeren te praten over het geloof. We hadden met islamleraars hierover overlegd en kregen
nuttige tips over de jongerencultuur en hun geloofsbelijdenis.
Nooit gingen we in een open discussie over het geloof, omdat
de salafyya toch steeds overtuigd waren van hun grote gelijk
en hun uitverkorenheid. Velen waren op hun hoede als het over
geloof ging.

We probeerden de jongeren te triggeren door hen uit te dagen en te zeggen dat we zeer grote appreciatie hadden voor het

soefisme[52] of het sjiïetisme.[53] We argumenteerden onze stelling wat en zagen quasi onmiddellijk aan de lichaamstaal of onze "provocatie" aansloeg.

Meestal was dit het geval en begon men met zijn geloof te verdedigen en was het bijgevolg niet zo moeilijk te peilen naar de graad van radicalisatie.

In een geval was één zo heftig in zijn verontwaardiging dat hij spoorslag na mijn vertrek uit zijn woning naar het commissariaat vertrok om klacht tegen me in te dienen, wegens misprijzen ten opzichte van "zijn" islam. Dit vernam ik later van een collega. In een ander geval stuurde een jongeman zijn moeder met de juiste boeken over de islam die ik moest lezen. Zo kon ik nog tot inzicht komen ...

Ik heb de arme vrouw met haar boeken teruggestuurd onder het mom dat we als politie geen geschenken mochten aannemen. Heel geïnteresseerd heb ik de titels en auteurs genoteerd alvorens ik de boeken teruggaf. Voor de kenners: het waren werken van sjeik Al Albani[54].

Een andere keer had ik sympathie geuit voor het moslimbroederschap, de jonge kerel voor mij kon het maar niet begrijpen en zei: "mijnheer de commissaris, met alle respect, ge zijt helemaal verkeerd bezig, het broederschap is de Stealth bommenwerper van de islam"

---

52 Soefisme is ontstaan op het einde van de 11e eeuw na Chr. in Bagdad. Werd beïnvloed door het boeddhisme, hellenisme en het christendom. Mystiek en ascetisme waren zeer belangrijk. Soef is het Arabisch woord voor wol, de soefies droegen wollen kledij. De stichter van het broederschap is Addal Qadir al Jilanni. Bron: Islam voor Ongelovigen van L. Catherine. Ze worden wel de hippies van de islam genoemd.

53 Na de dood van de profeet ontstonden moeilijkheden omtrent zijn opvolging. Volgens Arabische gewoontes werd een opvolger gekozen onder gelijken, eerst Abu Bakr en later Uthman. Een groep rond kalief Ali vond dat Ali de rechtmatige opvolger was gezien hij gehuwd was met de lievelingsdochter Fatima van de profeet. Ze beschouwden zich als nazaten van de profeet. Shia betekent partij. De groep rond Abu Bakr en Uthman werden republikeinen genoemd, de groep rond Ali royalisten Bron. L. Cahterine.

54 Sjeik Al Albani was een Albanese sjeik, gespecialiseerd in het salafisme.

Ik moet ook ruiterlijk toegeven dat een aantal slimmerds niet in mijn val trapten en zich onthielden van elke commentaar.

Tijdens ons onderzoek ontdekten we dat de sociale media belangrijk en belangrijker werden, dus hier moesten we dus ook iets op vinden.

Moeilijk was dit niet, maar als politie moeten we de wet respecteren en is niet alles toegelaten. Na de nodige bevragingen en toestemmingen konden we met ons project starten.

*We gaan geen juiste tijdsbepaling[55] geven wanneer het project precies van start ging, dit om veiligheidsredenen. Voor alle duidelijkheid: het is niet meer in gebruik sedert eind 2015.*

*Om een duidelijk beeld te hebben van wat er op de sociale media gebeurde, meerbepaald op Facebook, creëerden we een virtueel personage. Dit personage was een jonge vrouw, naïef, nieuwsgierig, deftig[56] en vrijgezel. Maar wat vooral zeer belangrijk was, de jongedame wou zich bekeren tot de islam. We hadden alles zorgvuldig voorbereid en ons goed laten adviseren door mensen die de jongeren– en de Facebook-cultuur kenden. De nodige islam-beginnersexpertise hadden we reeds. In een later stadium was de taal Arabisch geen enkel probleem.*

*We kunnen verzekeren dat na een tijd deze methode voor ons een goed infokanaal vormde, waarmee we een goed tot zeer goed beeld konden geven van de jeugdige islamscene in Mechelen. Meer zelf, door het virtueel profiel, waren we in staat een aantal Belgische jihadi's in Syrië te volgen. Voor alle duidelijkheid; we wensen de nadruk te leggen op het discreet volgen, zeker geen **contact**.*

Tot eind de jaren negentig van vorige eeuw beleefden de moslims als het ware hun geloof in en om de plaatselijke moskee.

---

55 Voor alle duidelijkheid kunnen we melden dat het virtueel personage actief was een tijd voor het uitbreken van Syrisch drama.
56 Met deftig bedoelen we in de islamitische zin van het woord: geen vriendjes gehad.

Door de globalisering en internationale gebeurtenissen[57] en de sociale media kwamen er sterke activeringen van radicale, ja, zelfs extremistische stromingen binnen de islam.

De gematigde Malekitische rechtsschool in Europa kwam sterk in de verdrukking te staan door de salafyya en de wahabieten.

Binnen de Mechelse Mahgreb-gemeenschap kregen we van verschillende mensen die een goede kennis van de islam hadden, meldingen dat het 'verkeerd' aan het lopen was.


## BEELDVORMING


We durven te stellen dat onze beeldvorming inzake acculturatie in het algemeen en in het bijzonder van het radicalisme gebaseerd was op volgende pijlers: de goede reguliere werking van de toenmalige cel Vreemdelingen, de sterke linguïstieke kennis en tot slot misschien wel de meest belangrijke pijler: het vertrouwen en het respect van de allochtone gemeenschap. We gingen ervan uit dat respect moest verdiend worden, men krijgt dit nooit. Zij die denken respect te krijgen door hun status zijn bij voorbaat verloren.

Het heeft ons veel moeite gekost, geloof me.

Via de reguliere werking konden we soms zeer waardevolle info garen, dit zonder argwaan te wekken of de wet te overtreden.

Tussen 2005 en 2015 was de cel Vreemdelingen in staat om goede en correcte info te garen binnen de Maghreb-gemeenschap en fenomenen te duiden.

---

57  Gebeurtenissen in Gaza, de aanslagen van 9/11, de Tsjetsjeense kwestie, de Arabische lentes, et cetera

## RESULTATEN EN EVOLUTIE

Als we nu een samenvatting van onze vaststellingen moeten geven kunnen we het volgende stellen. In Mechelen zijn er binnen het salafisme drie grote groepen.

Vooreerst wil ik met de grootste nadruk zeggen dat men zorgvuldig moet omspringen met het woord salafisme: het is een containerbegrip, waar zeker duiding dient bij gegeven te worden. We ondervonden dit duidelijk wanneer we met gelovigen in Mechelen spraken. Zij veroordeelden fel jihad-salafisme en het islamisme. De gelovigen die enkel de puurheid en zuiverheid van het geloof predikten konden op begrip rekenen. Dit moet men zeker in het achterhoofd houden als men een open gesprek wil voeren over het onderwerp met moslims.

De drie groepen zijn:

» de salafyya "pur sang" of ultra-orthodoxen. Zij leven de regels van de voorvaderen zeer strikt na, enkel de koran en de Sunnah[58] zijn hun leidraad. Elke vorm van vernieuwing (bida) is uit den boze. Zo vroeg ik aan een jonge Mechelse bekeerling wat hij vond van de "Arabische Lentes". Deze jongeman antwoordde prompt dat deze revoluties totaal haram waren. Zijn motivatie was kort en bondig: 'In de tijd van de profeet waren er geen Arabische revoluties. Dus deze revoluties waren niet toegestaan ...'

In de stad Mechelen waren er in 2015 tijdens ons onderzoek tussen de vijftig à zeventig personen die tot deze groep sallafyya behoorden.

---

58 Sunnah is de manier hoe de profeet en de eerste twee daaropvolgende generaties hebben geleefd.

Waren zij gevaarlijk voor de openbare veiligheid? Neen, ze sluiten elke vorm van geweld en elke politieke en andere inmengingen uit, enkel de koran telt.

Maatschappelijk kunnen er zich wel problemen voordoen op volgende vlakken:

integratie, verdraagzaamheid, tolerantie naar andersdenkenden, opvoeding van de kinderen en tot slot het voeren van hun dawa.[59]

In Mechelen leverde deze groep tot 2015 geen noemenswaardige problemen op. Over de problemen die er waren, werd door onze cel Vreemdelingen proces-verbaal of een informatierapport opgesteld.

Wat toch wel belangrijk was, de groep mensen leefde niet in een soort van getto, maar woonde verspreid over gans het grondgebied van de stad. Dit kwam de leefbaarheid zeker ten goede.

Ze dienden opgevolgd te worden door de overheid, maar ingrepen waren niet noodzakelijk.

» Een tweede groep van salafisten voegt een politiek gedachtengoed toe aan hun dawa. Men noemt hen ook wel islamisten.

Van de gelovigen met een politieke agenda zijn er enkelen in Mechelen. Ik heb het voorbeeld reeds aangehaald van het bestuurslid van de moskee Al Ikhlaas, hij verheerlijkte de "strijders" die de laffe aanslagen pleegden in Parijs als waren zij ware shaheeds,[60] die alle lof van Allah verdienden.

» Tenslotte de derde groep en gelukkig de kleinste groep: de jihadi-salafyya.

Hier nog een kleine onderverdeling: zij die mondeling de jihad prediken en verheerlijken en zij die effectief gaan strijden.

---

59 Dawa is het uitdragen van het geloof, m.a.w. het prediken.
60 Saheed is martelaar

De groep van jihadidi's die effectief vertrokken is om te gaan strijden, bestaat in Mechelen uit welgeteld één persoon: het betreft een jonge vrouw. Ze is in de pers gekend onder haar islamitische strijdersnaam: oum[61] Hafida.

*Deze dame vertrok in 2008 uit Mechelen, ze verliet haar ouderlijk huis en kwam niet meer opdagen op haar werk in het wzc. Hof van Egmont. Ze vertrok naar Antwerpen en had nog sporadisch contact met bepaalde familieleden. De jonge vrouw leidde in Mechelen zeker geen opvallend bestaan. Ze kwam nooit in contact met de politie. Op haar werk werd ze omschreven als correct, ze was wel zeer gelovig. In Antwerpen hield ze zich op in kringen van Sharia for Belgium en huwde er met Abu Hanifa, betreft hier ook een islamitische strijdersnaam. Het koppel vertrok midden 2013 naar Syrië om te gaan vechten.*

Ze kwamen in contact met de groep van de Islamitische Staat en sloten er zich bij aan. Ze maakten daar carrière en Abu Hanifa werd hoofd van de religieuze politie in Raqqa Syrië. Beiden zijn ook gekend voor hun bedreigingen aan België.

Een tijd geleden verscheen in de pers een artikel met de titel: 'IS stuurt Belgische vrouwen terug voor terreur.'

Eén van deze dames is oum Hanifa, ze zou een opleiding gekregen hebben om hier aanslagen te plegen. De informatie was afkomstig van een gevangengenomen IS-spijtoptant.

Deze vrouw is wel iemand waarmee we rekening moeten houden.

---

61 Oum betekent moeder. In dit geval is de schuilnaam de moeder van Hanifa.

## GERECHTELIJK ONDERZOEK
## RADICALISME

In 2012 werd binnen de cel een gerechtelijk onderzoek opgestart met als tenlastelegging 'P.0.S[62] wegen religieus radicalisme'.

De opzet van ons onderzoek was niet om veroordelingen te bekomen, maar wel de aandacht te trekken van de jeugdrechter in de eerste plaats , maar ook van het Parket.Er waren problemen met een groepje jongeren, die sterk salafistisch waren.

Hun ouders kunnen we divers noemen, dit qua afkomst, bekeerlingen, Maghrebijnen, mannen, vrouwen. Alle gezinnen hadden kinderen. In een latere fase werd de jeugdbrigade van de zone betrokken bij het onderzoek, gelet op de betrokkenheid van minderjarige kinderen.

Voor alle duidelijkheid: deze religieus radicalen waren geen jihadisten of islamisten, evenmin waren het mensen met strafrechtelijk verleden.

Het groepje kan omschreven worden als salafisten pur sang, het was hun bedoeling te leven zoals hun 'rechtervaardige *voorouders*'

De groep had zich later verenigd in de feitelijke vereniging Mahad Rahama met een lokaal boven een handelszaak in Mechelen Noord.

Ze hadden sterke internationale contacten met geestverwanten, maar weinig tot geen maatschappelijke contacten. Je zou hen een beetje kunnen vergelijken met de Amerikaanse "Amish". Gezien de groep salafisten die verspreid over gans het grondgebied van de politiezone woonden, leverden ze zeker geen overlast op.

---

62 P.o.s. is de afkorting van problematische opvoedingssituatie wegens religieus radicalisme. Momenteel is de term p.o.s. vervangen door v.o.s.: verontrustende opvoeding situatie.

Door hun geloofsovertuiging waren deze mensen niet verdraagzaam naar andersdenkenden. Ze geloofden in hun grote gelijk, ze sloten zich maatschappelijk af, ook van de Maghrebgemeenschap. Ze vormden een soort sub-maatschappij met hun eigen regeltjes. De opvoeding van hun kinderen gaf wel problemen, de schoolplichtige kinderen volgden geen les in de reguliere scholen. Ze volgden thuisonderwijs, de leerboeken waren afkomstig uit Nederland en waren uiteraard salafistisch. Door onze jeugdbrigade werd bij verschillende afstappingen vastgesteld dat de kinderen niet slecht opgevoed werden. Ze kregen normen en waarden mee, zeker en vast. Maar je kan je afvragen of de normen en waarden die werden meegegeven verantwoord waren. We noemen hier de genderongelijkheid, het misprijzen (soms zelfs haat) naar andersdenkenden. Je kan je indenken dat als vanuit de wieg deze waarden geïndoctrineerd worden bij kinderen, zij op latere leeftijd veel grotere moeilijkheden zullen hebben om hun weg te vinden in de maatschappij, wiens waarden haaks staan op deze van de salafisten.

De toenmalige magistrate van het Jeugdparket Mechelen deelde onze bezorgdheid en liet onze jeugdbrigade en de cel Vreemdelingen tot 2015 deze salafyya-gezinnen opvolgen. De opvolging gebeurde voor alle duidelijkheid op het vlak van het thuisonderwijs, andere rechtsgronden waren er niet.

We wensen hier duidelijk te benadrukken dat er geen echt haat- of discriminerende aanwijzingen werden gevonden bij de groep van Mahad Rahma.

Anders was het gesteld met het groepje salafyya-jongeren dat samen kwam in de Mechelse moskee, ze waren wat minder in aantal, ongeveer een dertigtal.

In 2012 ontstond er binnen de Mechelse moskee een conflict dat zou leiden tot het imploderen van het toenmalig moskeebestuur.

De jongeren werd de toegang tot de moskee ontzegd, ze hielden toen voor korte tijd bijeenkomsten in een appartement in de Graaf van Egmontstraat in Mechelen. Eén van hun leiders gaf aan de jongeren islamles in het appartement.

In het klasje zouden in totaal een achttal jongeren les volgen. In de lessen werden de begrippen tawhied, alwala walabara[63] behandeld. We konden in 2012 de hand leggen op huiswerk over de tawhied. Uiteraard werd door de cel Vreemdelingen een proces-verbaal opgesteld. Alle betrokken jongeren werden verhoord alsook hun ouders. Deze laatsten waren allen bezorgd om hun kinderen tussen 10 en 14 jaar, sommigen schaamden zich en deelden ons mee alles binnenskamers te zullen regelen. Er werd een uitgebreid onderzoek gevoerd naar de maatschappelijke inbedding van deze vorm van salafisme in de Mechelse samenleving.

De toenmalige schepen van diversiteit en preventie werd volgens de Salduz-procedure uitgenodigd voor verhoor. Via deze handelswijze wilden we de schepen op de maatschappelijke impact wijzen. De korpsleiding liet ons weten dat het uitnodigen van verantwoordelijken van de stad via hen persoonlijk moest gebeuren en over relevante feiten moest gaan ...

Anders was het gesteld met de Maghreb-gemeenschap. De imam, een erudiet en kundig man, zag wel het gevaar van deze vorm van onderwijs in. In zijn verhoor veroordeelde hij krachtig de feiten en pleitte voor een islam naar Malekitisch recht. Hij vroeg om bijstand om het probleem in de kiem te smoren ...

Het groepje salafisten stichtte in 2013 een nieuw gebedshuis op de Tervuursesteenweg in Hofstade, een deelgemeente van Zemst.

Het overgrote deel van de gelovigen die de moskee bezochten, deden dit om te bidden, meer niet.

---

63 Tawhied is de eenheid en ondeelbaarheid van god. Alwala walbara: 'Zij die van binnen zijn en zij die van buiten zijn'. Polarisatie wij/zij
Beide principes worden gebruikt binnen 'het politiek salafysme' en kunnen dus maatschappelijk gevaarlijk zijn.

Binnen de moskee was een kleine kern zeer actief op salafistisch vlak. We geven enkele voorbeelden:

» op de Facebookpagina van Al Ikhlaas werden gelovigen gewaarschuwd dat Kerstmis vieren niet hoorde, dat het fout was.
» binnen het moskeebestuur was er iemand die de aanslagplegers van Parijs verheerlijkte om hun daden.
» er werden geldinzamelingen gehouden door Tarik ibn Ali (Tarik Chadlioui) zogenaamd voor het betalen van de moskee. Deze man was de fondsenwerver voor S4B. Hij deed in Mechelen twee omhalingen die gefilmd werden en op het YouTube kanaal van Al Ikhlaas werden gezet. Er werden tienduizenden euro's ingezameld. Het was voor onze cel Vreemdelingen een klein kunstje om een groot deel van de schenkers te vereenzelvigen aan de hand van het filmpje op YouTube.
» de verantwoordelijken van Al Ikhlaas duldden geen enkele controle of toezicht op:
de activiteiten, het lessenpakket of de leraars. Ze creëerden als het ware een parallel circuit zonder enige vorm van toezicht.
» enkele van de verantwoordelijken hadden een nauw contact met Salaam Hamad en Salaam, Suhad, beiden waren salafisten uit Nederland en de mensen achter I.V.O.E.

## RECHTS RADICALISME

Ook uiterst rechts radicalisme kwam duidelijk in beeld bij onze cel Vreemdelingen. Merkwaardig aan deze casus waren de internationale bindingen naar het Midden-Oosten, meerbepaald Syrië, Libanon, Egypte en verder Italië, U.K. en Oekraïne.

Een gewezen Mechelse studentenleider ging speechen voor een menigte aanhangers van Bashir Al Assad in Syrië. Tijdens zijn tocht door het verscheurde land werd hij niet geraakt door de kogels van de strijdende partijen, maar wel door de pijlen van amor. De man vluchtte met zijn bruidje dwars door Syrië en Libanon, naar het vrije Westen. Hij was ook actief geweest in de U.K., Oekraïne en Italië.

Het huwelijk met zijn Syrische bruid had op hem een kalmerende invloed. Hij verdween van onze radars, hopelijk voorgoed.

## EXTREMISTEN IN MECHELEN?

Men zegt; de vraag stellen is ze beantwoorden, wel, we gaan dit doen zonder een blad voor de mond te nemen. De volgende regels zullen misschien voor opschudding zorgen, ja zelfs voor consternatie. Maar we gaan de uitdaging toch aan, gewoon omdat de waarheid zijn rechten heeft.

Er zijn twee gevallen van terrorisme, die banden hebben gehad met Mechelen.

Voor het eerste moeten we teruggaan tot in 2008, we kwamen toen in contact met een radeloze Marokkaanse vader die ons vertelde over het religieus wangedrag van zijn dochter K.

De toestand binnen zijn gezin was zeer gespannen door het gedrag van de dochter. Er mocht geen radio of televisie gebruikt worden. Het gezin moest leven volgens strikte islamitische regels, elke moderne invloed was uit den boze. Daarbij kwam nog dat wanneer dochterlief haar zin niet kreeg, er zware ruzie ontstond.

De brave man was teneinde raad en hopeloos. Niemand kon hem toen helpen. Daarbij werd nog gevreesd dat de radicale oudste haar kleine zus mogelijk kon besmetten met haar religieus fanatisme.

Dochter K. had een job in een Mechels wzc, waar ze werkte als verzorgende.

Ze was op haar werk plichtsgetrouw en stond goed aangeschreven. K. werd omschreven als zeer godsvruchtig. Ze viel haar collega's, noch de bewoners van het woonzorgcentrum lastig met haar geloof.

Plots, zonder iemand te verwittigen, verliet K. de ouderlijke woonst en kwam niet meer opdagen op haar werk. Enkele tijd later was ze ingeschreven in Antwerpen, en sloot er een fathia[64]-huwelijk. Gans het ouderlijk gezin was treurig door deze ontwikkeling, maar anderzijds keerde de rust in het gezin ook weer. Van de vader vernam ik dat zijn aanzien bij de gemeenschap was aangetast. Hij vond dit niet leuk, maar onderging het gewoon. Hij vermoedde dat dochter K. nog telefonisch contacten onderhield met bepaalde familieleden, maar hij liet begaan.

Er deden zich geen moeilijkheden meer voor en ons contact verwaterde.

Na enig opzoekwerk kwam ik erachter dat K. en haar echtgenoot zeer actief waren in de groep van Fouad Belkacem. Ik heb de papa hiervan niet meer in kennis gesteld, dit om de man niet nog meer op stang te jagen.

In het voorjaar 2013 vertrokken K. en haar echtgenoot naar Syrië. Beiden namen een islamitische naam aan; K. noemde zich oum Hanifa al Beljiki en haar echtgenoot abu Hanifa al Beljiki.

Laatstgenoemde behoorde tot het kader van IS, hij zou het hoofd (emir) geweest zijn van de religieuze politie in Raqqa. Hij is op verschillende filmpjes te zien geweest, die opgenomen waren in Raqqa. In één van deze filmpjes executeerde hij een vermoedelijk sjiitische gevangene gekleed in de gekende oranje overall door een schot in het achterhoofd.

Een tijdje voor de val van het kalifaat verscheen in de Belgische kranten een artikel, waarin gezegd werd dat vrouwelijke strijdsters van IS naar Europa zouden gestuurd worden om aanslagen te plegen. Eén van deze vrouwen zou oum Hanifa al Beljiki zijn ...

---

64 Fathia huwelijk is een louter godsdienstig huwelijk. In België wordt zulk een huwelijk niet erkent, het is bijgevolg niet opgenomen in de registers van de burgerlijke stand.

In het najaar 2018 meldde de pers, dat het koppel vermoedelijk zou gedood zijn bij luchtaanvallen van de geallieerden. Tot zover de eerste casus.

Onze tweede zaak is wat men in het journalistiek wereldje een scoop noemt. (cursief)

*Om veiligheidsredenen kunnen we niet diep op de zaak ingaan en tevens wensen we de privacy van bepaalde mensen te respecteren.*

*In het najaar 2018 werd vernomen dat één van de meest gezochte terroristen, met name Salah, Abdeslam in hoogst eigen persoon in Mechelen kort ondergedoken heeft gezeten voor hij gevat werd op 18 maart 2016 in de Vierwindenstraat 78 te Brussel in de kelder bij zijn tante. We kregen het adres in handen waar hij zich zou schuilgehouden hebben. Het is ons niet gekend of de personen bij wie hij ondergedoken zat effectief wisten om wie het ging, vermoedelijk niet echt.*

*De wagen waarmee Salah Abdeslam en mogelijk zijn handlangers zich verplaatsten zou door de politie van Mechelen-Willebroek weggesleept zijn geweest. Waarom wist men ons niet te vertellen, mogelijk was de wagen niet verzekerd.*

*Wie zijn contactpersonen waren konden we niet echt achterhalen.*

Tot zover de terroristen die aan Mechelen kunnen gelinkt worden.

## BOMAANSLAG TEGEN DE POLITIE
## IN MECHELEN ...

Om dit beklijvend hoofdstuk af te sluiten hebben we nog een interessant nieuwtje dat nog zeer weinig Mechelaars zullen kennen. Er is inderdaad een echte bomaanslag gebeurd in Mechelen. De aanslag gebeurde in de jaren 70 van vorige eeuw. Ik behoorde toen ook nog niet tot de politie, maar ik was nog student, lang geleden dus.

Van oude, maar doorgaans goed ingelichte politiebronnen vernam ik dat in het Mechelen van de zeventiger jaren een jongeman leefde, die verschillende malen in contact was gekomen met de politie. Hij werd verdacht van volgende feiten: diefstal en aanranding der eerbaarheid. Als beroepsvrachtwagenbestuurder was hij een onverbeterlijke foutparkeerder met zijn vrachtwagen en hierdoor vielen er met de regelmaat van een klok processen-verbaal wegens foutparkeren in zijn brievenbus.

Het heerschap voelde zich geviseerd door de politie en overheid en besloot actie te ondernemen.

Samen met enkele drinkebroers knutselden ze een bom in elkaar en gingen een aanslag plegen.

Uit het later onderzoek zou blijken dat de aanslagplegers de nacht voor de aanslag zwaar doorgezakt waren. Het eindpunt van hun bacchanaal was het toenmalige café Picknick gelegen in de Borzestraat. Dit café was strategisch uitgekozen omdat het ook een achteruitgang had langs de Schaalstraat.

Deze straat grensde toen langs achter aan het toenmalig commissariaat in de Lange Schipstraat, dus de groep aanslagplegers had alles goed beraamd.

's Morgens tussen 04.00 en 05.00 ontwaakte Mechelen-centrum met een enorme knal. Op het commissariaat stormden de aanwezigen politiemensen naar buiten om te kijken wat er gebeurd was. Ze stelden toen vast dat aan de gesloten poort van de Schaalstraat vuur brandde en een boompje met een diameter van 10 à 15 cm was verbrijzeld. De brandweer werd gevorderd en de nodige vaststellingen werden uitgevoerd.

Het dadergroepje was onmiddellijk terug binnengelopen in café Picknick en vluchtte via de Borzestraat.

Van agenten die op het ogenblik van de feiten van dienst waren, vernam ik dat ze zeer onder de indruk waren van de feiten. De ontploffing was krachtig geweest. Gelukkig gebeurden de feiten buiten en had men het projectiel niet binnen via het openstaande raam in het wachtlokaal gegooid. Dan zouden de gevolgen verschrikkelijk zijn geweest.

Na een kort en krachtig onderzoek werden de daders nog dezelfde ochtend van hun bed gelicht en verhoord. Ze waren zelf ook sterk onder de indruk van hun actie. Hun leider, de vrachtwagenbestuurder, nam de feiten op zich en werd kort aangehouden. Hij kreeg sindsdien de bijnaam Joe Bom.

De man heeft over zijn heldendaad een liedje gemaakt dat een zeker succes kende. Hij trad op in het voorprogramma van de Antwerpse groep Katastroof.

De teksten van Joe Bom zijn soms ranzig, xenofoob en rauw.

Hij verwoordde zijn heldendaad lied als volgt:[65]

```
"
```

Een bom die ontplofte niet ver van den Bruul.
Alarm bij de flikken, ze stonden voor lul.
Een bom die ontplofte 't was er eentje van mij
Een heel deel supporters die waren erbij.
Opsinjoorke van Mechelen,
die met zijn bult was gepikt door
studenten, maar ik kreeg de schuld.
De huiszoeking vonden de flikken plezant
Mijn seksboekjes vonden de flikken wreed interessant

Ref:

Een bom die ontplofte niet ver van den Bruul.
Alarm bij de flikken ze stonden voor lul.
Een bom die ontplofte 't was er eentje van mij
Een bom die ontplofte 't was er eentje van mij
Een heel deel supporters die waren erbij.

---

65  Is de tekst van de cd.

Ze smeten me 's morgens n'en keer uit mijn bed
Ik had just nog een lekker fluitje gezet
Met een griet met dikke tieten en n'n ferme bos haar.
Maar het kwam later uit ze was geen achttien jaar.

Al jaren stond mijnen truck op de vest;
Todat ik weer deur ne flic werd gepest.
Kreeg boetes mijn hope deur den arm der wet.
Ze hadden rap in den dag ander borden gezet.

Ref:

Een bom die ontplofte niet ver van den Bruul.
Alarm bij de flikken ze stonden voor lul.
Een bom die ontplofte 't was er eentje van mij
Een bom die ontplofte 't was er eentje van mij

Een bom gaat ontploffe na zen ik het muug.
Is het niet deze avond, dan is het morgen vruug.
Een bom gaat ontploffen het stadhuis moet eraan
dan kan mijn truck op de plaatske staan

"

Joe Bom zijn teksten zijn soms nogal aangebrand, controversieel en volks.

Hij heeft een Facebook-account en is ook te vinden op YouTube.

# V

## VERANTWOORDE POLITIONELE INFOGARING OF INFORMATIEHUISHOUDING

Men zou kunnen zeggen dat de informatiegaring het besturingssysteem is van het politieapparaat, uiterst belangrijk, cruciaal dus.

Laat dit nu juist de achilleshiel zijn van de politie. De zwakke plekken kwamen steeds aan de oppervlakte bij de zwaarste misdaden die ons land teisterden. We verwijzen naar het nog niet afgeronde onderzoek over de bende van Nijvel. Deels door het achterhouden van nuttige informatie, of het manipuleren van informatie komt de waarheid niet aan het licht.

In het onderzoek naar de beruchte kindermoordenaar Dutroux liep het weer helemaal fout met de informatiegaring. Wie herinnert zich niet de pijnlijke confrontaties tussen onderzoeksrechter Martine Doutrèwe en adjudant Lesage Jean van de B.O.B. Seraing voor de parlementaire onderzoekscommissie. Wie betaalden met hun leven de tol voor deze disfunctie, juist onschuldige kinderen.

Aan dit trieste lijstje van hoogtepunten kan zeker ook toegevoegd worden het opzettelijk niet versturen van cruciale informatie met het adres van een mogelijk safe-house waar één van de meest gezochte terroristen soms verbleef.

De balans van deze disfunctie: 32 doden en een geschatte schade van drie miljard euro.

We gaan in dit hoofdstuk proberen kort uiteen te zetten hoe de infogaring en het verwerken ervan gebeurt.

Uiteraard kunnen we om veiligheidsredenen niet diep ingaan op de materie.

# BEGRIPSOMSCHRIJVINGEN

Met dit beknopt overzicht van de begripsomschrijvingen willen we enige duidelijkheid verschaffen in de doolhof van de informatiegaring bij de politie.

## *BRONNEN*

Men heeft twee soorten bronnen: open en gesloten bronnen.

Open bronnen zijn bronnen die door iedereen kunnen geconsulteerd, eventueel ook tegen betaling.

Gesloten bronnen zijn bronnen die slechts toegankelijk zijn voor een bepaalde groep mensen die hiervoor specifiek gemachtigd zijn. Deze mensen hebben dan een beroepsgeheim. We kunnen hier als duidelijk voorbeeld aanhalen: processen-verbaal.

Politiemensen en ambtenaren van justitie en soms onder wettelijk bepaalde omstandigheden andere personen, kunnen kennis hebben van deze informatie. Deze is concreet en correct.

Een gesprek tussen twee personen kan ook beschouwd worden als een gesloten bron, zeker als één van de twee gesprekpartners opmerkt dat het gesprek vertrouwelijk is. Regelmatig wordt aan politiemensen dit soort informatie toevertrouwd.

Deze gegeven informatie is zeker niet altijd concreet, maar kan wel zeer nuttig blijken, na onderzoek ervan.

Bronvermelding stelt de gebruiker in staat de betrouwbaarheid van de informatie te beoordelen.

## Zachte informatie

Om de niet-concrete info die aan de politiediensten wordt verteld, toch enigszins te kaderen, werd binnen de politiediensten een procedure uitgewerkt om de juistheid, betrouwbaarheid en het gebruik te duiden.

De niet-concrete info wordt vervat in zogenaamde r.i.r.'s.

## Informanten/tipgever

Voor de werking met informanten is een specifieke wetgeving ontwikkeld. Er worden informantenbeheerders en runners aangesteld. De procedure van handelen wordt strikt in de wet omschreven. De b.o.m.-magistraat heeft de leiding van dergelijke zware dossiers.

Van de informanten bestaat een gecodeerd register, men noemt hen geregistreerde informanten.

Belangrijk om weten is dat deze geregistreerde informanten steeds uit het crimineel milieu komen! Ze kunnen door hun hoedanigheid aan specifieke informatie komen, dit in tegenstelling tot een tipgever. Deze laatste behoort niet tot het crimineel milieu. De aangeleverde informatie is veel minder nauwkeurig.

## GECLASSIFICEERDE INFORMATIE ONDERZOEKEN

Dit is informatie die enkel toegankelijk is voor bij wet bepaalde personen, of organisaties. In deze vorm van informatie bestaan ook nog categorieën.B.o.m. zijn onderzoeken die geleid worden door bijzondere magistraat. Ze mogen bijzondere opsporings methoden gebruiken.

» R.I.R[66]. ( samenvoeging van **r**apport d'**i**nformation rapport – informatierapport)

Bestaat uit niet concrete- en niet vastgestelde feiten Men kan deze informatie misschien best omschrijven als "ruwe informatie", die nog moet uitgezuiverd en eventueel aangevuld worden.

De informatie kan bijvoorbeeld gebaseerd zijn op een melding van een occasionele tipgever of melding van een wijkagent enzovoorts.

De politieman die de r.i.r. opgesteld heeft, beschikt over een aantal gestandaardiseerde en ingebouwde parameters om de info te kaderen inzake inhoud, betrouwbaarheid en gebruik. De opsteller is verantwoordelijk voor de inhoud van het rapport.

» R.A.R. (rapport administrati(e)f rapport)

Is hetzelfde rapport als een r.i.r maar handelt over administratieve politie.

Bijvoorbeeld over de risico's op moeilijkheden bij een optocht van een bepaalde groepering.

» B.o.m.-onderzoeken/vertrouwelijke verslagen:

Zijn onderzoeken waar bijzondere opsporingsmiddelen gebruikt worden. Worden uitgevoerd door een b.o.m.-officier en onder de leiding van een b.o.m.-magistraat. Deze bijzondere opsporingsmiddelen bestaan onder meer uit telefoontap of schaduwen van personen. Het zijn onderzoeken naar zware criminaliteit.

---

66 Regelgeving omtrent het opstellen van een r.i.r. MFO-3 (ministeriële omzendbrief)

# VERWERKEN, ANALYSEREN EN EXPLOITEREN VAN DE INFORMATIE

A.N.G. (algemene nationale gegevensdatabank)

De A.N.G. is gebaseerd op artikel 44/2 van de wet op het politieambt (WPA)[67]. Hierin wordt bepaald hoe de verwerking van gerechtelijke informatie gebeurt.

Politiemensen kunnen deze databank consulteren, bepaalde infodomeinen worden wel afgeschermd en zijn slechts toegankelijk voor daartoe gemachtigd politiemensen.

Externe partners krijgen bijna geen toegang tot de A.N.G.

De databank wordt gevoed door hierin alle processen- verbaal en r.i.r.'s te 'vatten' zoals men dit in politietaal noemt.

Politiemensen op het terrein kunnen deze databank consulteren voor nazicht van bijvoorbeeld geseinde persoon of zaken. Deze bevraging gebeurt op basis van de concrete gerechtelijke informatie. Elke opvraging in de A.N.G. wordt geregistreerd.

De bevraging van de niet concrete of zachte info (r.i.r.) kan slechts door gemachtigde politiemensen.

» L.I.V.C. (lokale integrale veiligheidscellen)[68]

Dit is een gemeentelijk overlegplatvorm met alle relevante partners, veiligheids- en sociaal preventief vlak. Taak: het monitoren van de lokale foreign terrorist fighters.

Het is geen verplichting voor de gemeenten om dit forum op te richten.

---

67 Wet op politieambt d.d.05.08.1992
68 De inrichting van de livc's wordt geregeld door de ministeriële omzendbrief van 21/08/2015

» A.I.K. (arrondissementeel informatiekruispunt.)

Het a.i.k. staat op arrondissementeel vlak voor de bundeling, kwaliteitscontrole, analyse en exploitatie van de r.i.r.'s en r.a.r.'en alle andere nuttige informatie.
Het is een belangrijk platvorm in de informatiehuishouding. De samenwerking met het a.i.k. Mechelen en de voormalige cel Vreemdelingen was voortreffelijk. Door de inspecteurs Katrien C. en Rudi L. van het a.i.k. werden schitterende tussentijdse rapporten opgesteld over radicalisme. Zo bestonden er nauwkeurige spin-diagrams van de bewegingen die leden van Sharia4Belgium in het Mechels arrondissement maakten.
Het kruispunt had ook een belangrijke scharnierfunctie tussen de verschillende politiediensten en veiligheidsdiensten.

» L.T.F. (lokale taskforce)[69]

Dit is een overlegplatvorm waarbinnen de lokaal verzamelde informatie en inlichtingen worden uitgewisseld, geanalyseerd en gecoördineerd in het kader van het plan R.[70] Verder de opvolging van geradicaliseerde personen of groepen.
Participanten zijn alle lokale politiezones binnen een afgebakende zone, meestal arrondissementeel.
Deze lokale taskforces dienen ondersteund te worden door federale diensten zoals het O.C.A.D., VSSE, A.D.I.V. en D.V.Z.[71]

Alle aangeleverde specifieke informatie wordt meestal door gespecialiseerde diensten onderzocht en afgewerkt. denk aan mensenhandel, radicalisme, verdovende middelen en andere.

---

69 Ingesteld ingevolge de ministeriële omzendbrief GPI 78
70 Plan R is ontwikkeld ter bestrijding van het radicalisme
71 O.C.A.D. (orgaan coördinatie, analyse van de dreiging), VSSE (staatsveiligheid), A.D.I.V. (militaire veiligheidsdienst) en D.V.Z. (dienst vreemdelingenzaken. )

## VEILIGHEIDSMACHTIGING

Een veiligheidsmachtiging wordt afgeleverd na een voorafgaande screening door de politie, veiligheids- en inlichtingendiensten. Dit attest is strikt persoonlijk. De houder is gemachtigd binnen een welbepaald domein bijeenkomsten bij te wonen, bijvoorbeeld over radicalisme.

## BEELD VAN DE INFOGARING EN INFOSTROOM BIJ DE POLITIE MECHELEN BIJ AANVANG VAN DE SYRIË-CRISIS

Men kan dit in één woord omschrijven als een **Augiasstal.**[72]

De korpsbrede, zachte informatie werd verzameld op het niveau van de recherche. Tot eind 2013 mocht niemand binnen het korps r.i.r.'s opstellen. De politieambtenaar die zachte info vernam, moest deze verwerken in een zogenaamde M.O.[73]

Op de reeds vernoemde opsporingsdienst werd dan beslist of er een r.i.r. zou gemaakt worden of niet. Dit gebeurde nooit in real time, maar altijd veel later en in veel gevallen werd er geen r.i.r. opgesteld. Dit werd nooit gecommuniceerd naar de melder. Hierdoor is veel informatie verloren gegaan. Deze handelswijs was niet correct volgens de politionele richtlijnen. Wanneer daar werd op gewezen, kregen we te horen dat men aan kwaliteitscontrole deed. Mensen die jarenlang processen-verbaal

---

72 Augiasstal wordt gebruikt als omschrijving voor een hopeloos verwaarloosde knoeiboel. (Augias een Griekse mythologische figuur)
73 Is de afkorting van mondelinge opmerking; deze tool werd vroeger gebruikt om een aandachtspunt te signaleren bij een briefing.

opstelden bleken dus niet in staat zachte informatie neer te schrijven ... Deze werkwijze werd nergens in de provincie Antwerpen gehanteerd.

Een voorbeeld van deze werkwijze:

» in februari 2013 verscheen op facebook een oproep van een weduwe van een toen gesneuvelde Syrië-strijder. Men kon haar steunen door te storten op haar bankrekening. Het nummer stond vermeld in de post. Nooit is deze informatie onderzocht, of doorgestuurd.

Uiteindelijk werd toegestemd in het opstellen van r.i.r.'s, maar het verwerken werd nog trager.

Eén inspecteur van mijn cel zelf mocht totaal geen r.i.r. opstellen over radicalisme, hij moest daarvoor een speciale aangeduide oude M.O. gebruiken.

Om een hogervermelde disfunctie te omzeilen werden door ons de opgestelde infodragers inzake radicalisme in real-time naar onze aanspreekpunten bij de externe partner per fax gestuurd. (VSSE, OCAD en AIK). Geen van deze externe partners heeft opmerkingen gemaakt dat de info niet correct was, wel integendeel.

Toen men hierachter kwam werd dit ook formeel verboden door de adjunct-korpschef hierin gesteund door de korpschef zelf. Geen van deze laatste twee personen deinsde er zelfs voor terug informatie te manipuleren te verzwijgen en zelfs te blokkeren.

We zullen dit illustreren met voorbeelden:

» *Na de aanslagen in Parijs meldde zich een moslima aan het onthaal op het commissariaat om te melden dat een bepaald groep islamieten totaal fout bezig was. Ze prezen in besloten kring de aanslagplegers van Parijs als ware helden. De moedige vrouw kwam dit plichtsbewust melden met de motivatie dat deze mensen het geloof niet op een correcte wijze beleefden. Er werd van*

*het gegeven een r.i.r. opgemaakt door een plichtsbewuste collega.*
*Deze r.i.r. werd "ONHOLD" gezet in opdracht van de toenmalige*
*adjunct-korpschef. De opsteller van het informatierapport werd*
*verplicht terug telefonisch contact op te nemen met de vrouw,*
*dit onder toezicht van twee leden van de recherche. De meldster*
*moest de feiten "verzachten", de vrouw was bang en voelde zich*
*bedreigd en wou met de politie niets te maken hebben ...*
*Toch ging men door en men dreigde ermee dat de echtgenoot van*
*de meldster zou bevraagd worden. ...*
*Alvorens het inforapport werd doorgestuurd aan de verslaggever*
*werd de tekst gedicteerd wat er moest geschreven worden.*
*Nu de melding die de vrouw deed, was uit verschillende bronnen*
*bevestigd; één van deze bronnen was een goed religieus opgeleide*
*persoon.*

Een andere bron was inspecteur H., hij meldde geruime tijd voor
dit feit dat er bepaalde bestuursleden van de Al Ikhlaas-stichting
zeer radicaal gedrag vertoonden. Dit werd ook opgenomen in
een rapport. Deze zachte informatie werd toen opzettelijk gelekt
naar de gemeenschap. 'Men' gaf ook te kennen dat de man met
het radicale ideeëngoed zijn werk zou verloren zijn door deze
zogenaamde foute informatie.

Het was duidelijk dat men deze informatie met alle middelen onder de mat wou vegen en dat men hiervoor zonder enige
scrupules over de schreef ging.

Tenslotte een laatste voorbeeld:

» Mechelse jongeren vroegen via facebook een fatwa aan de
haat predikende imam Salaam Ahmad, waarin diens oordeel
werd gevraagd over de slachtboycot in de Al Buraq-moskee.
Dit voorval werd gesignaleerd aan de politionele hiërarchie.

De reden hiervoor was dat de imam en zijn zoon Salaam Suhayb
in Nederland gekend stonden als haatpredikers. Beiden hadden
in Mechelen een afdeling van het instituut voor opvoeding en

educatie (Ivoe) opgericht. Deze feitelijke vereniging werd opgericht om de jeugd voor hun gedachtengoed te winnen.

In een interview in het weekblad Humo verklaarde in 2016 de Mechelse burgemeester dat zijn politiediensten hem niets hadden gemeld over mogelijke activiteiten van Salaam Ahmad en Salaam Suhayb in Mechelen.

Voor alle duidelijkheid: over de feiten waren verschillende inforapporten opgesteld en overgemaakt aan de politieleiding. We twijfelen niet aan de woorden van de burgemeester.

De voorbeelden zeggen alles over hoe de verantwoordelijken in Mechelen in die periode omgingen met zachte informatie!

We hebben tot nu toe een kort overzicht gegeven over het verwerven en het bewerken van de informatie. Nu tot slot nog iets over de opslag ervan. We beperken ons hier tot het domein radicalisme bij de lokale politie Mechelen.

Deze gebeurde in drie databases, in orde van belangrijkheid:

» In de A.N.G. (algemene gegevens databank) wordt gevoed door r.i.r.'s en harde informatie, met name processen-verbaal. De zachte informatie kon enkel gebruik worden mits een bijzondere machtiging. Dit in tegenstelling met de gerechtelijke gegevens, deze kunnen geraadpleegd worden door alle operationele politiemensen. Deze bevraging gebeurt altijd via een login, zodat niemand anoniem in de gegevensbank kan snuffelen als de regels worden gerespecteerd
» een tweede databank noemt Avalon. Deze kon enkel geconsulteerd worden door leden van de recherche.
» tot slot de derde databank, de reeds vermelde verouderde M.O. Gebruik: enkel voor inspecteur H.A. en zijn oversten.

Niet alle politiemensen die werkten op het fenomeen radicalisme konden deze databases raadplegen. Op dat ogenblik vertoefde ons land in fase 3.

Met dit kort overzicht menen we enige duidelijkheid te hebben geschept in het verwerven en het opslaan van de informatie in de politiezone Mechelen.

## DE WAARHEID VAN HET BLOKKEREN
## VAN DE INFORMATIERAPPORTEN

In de pers konden we verschillende ronkende titels lezen over de reden van het niet versturen van informatierapporten. We citeren er één vanuit de Gazet van Antwerpen[74]: "Tip over Abdeslam blijft 23 dagen liggen en wordt dan 'vergeten'."

Er werden argumenten aangevoerd als zijnde: ongeloofwaardige inhoud van de rapporten, op bevel van een hogere overheid niet doorgestuurd, et cetera.

De waarheid is dat de hoofdinspecteur die instond voor het doorsturen van de rapporten hiërarchisch de uitdrukkelijke opdracht kreeg de rapporten op 'ON HOLD' te zetten. Deze correcte politieman vond de handelswijze niet correct volgens de voorgeschreven politionele richtlijnen. De man was schrander van geest en voerde over het onderwerp met de leiding een schriftelijke correspondentie (mails). Tevens voegde hij de namen van zijn opdrachtgevers in het tekstveld van de rapporten toe, heel slim. We hebben dan foto's genomen van het scherm en we hadden dus de feitelijke bewijzen. Men kon geen kant meer op. Het was toen algemeen gekend dat Salah Abdeslam werd gezien als één van de terroristen die de aanslagen op 13 november 2015 in Parijs en Saint-Denis had voorbereid, samen met zijn jeugdvriend Abdel Hamid Abaaoud. Hij zou een van degenen zijn geweest die probeerden het Stade de France binnen te dringen met een bomgordel om daar een zelfmoordaanslag te plegen.

Bijna alle informatie in de niet verstuurde rapporten was afkomstig van inspecteur H. Hij had deze vernomen binnen zijn gemeenschap.

Waarover ging deze informatie dan wel, zal men zich afvragen, en was ze cruciaal?

---

74  GvA.26/3-27/3 en 28 maart 2016

Wel, de inhoud vrijgeven kunnen we niet, maar we kunnen wel zeggen waarover de rapporten gingen, namelijk onder andere over:

» mogelijke safe-houses voor haatzaaiers in het Brusselse,
» inlichtingen over een mogelijk netwerk rond Abdelhamid Abaoud.

Was de info cruciaal, en juist? Later zou spijtig genoeg blijken dat ze pijnlijk juist was.

Buiten het gekende rapport van Salha Abdeslam bevatte een deel van de achtergehouden rapporten duidelijk bruikbare informatie. Zo werden verschillende personen die in de rapporten vernoemd werden later aangehouden en zelfs veroordeeld!

Als de Mechelse politietop de zachte informatie over een mogelijk safe-adres van Salah Abdeslam onduidelijk vond had men gemakkelijk deze info kunnen verrijken door een check te vragen aan de politiezone van Sint Jans Molenbeek met wie men op dat ogenblik een samenwerkingsovereenkomst had. Maar men deed dit duidelijk en opzettelijk **niet**.

## TWEE ECLATANTE VOORBEELDEN VAN MANIPULATIES VAN ZACHTE INFO UIT HET MECHELSE

Op 11 december 2015 werd een zeer waardevol inforapport opgemaakt door een collega, eveneens van de cel Vreemdelingen. Het dossier droeg het nummer 5906.15.L. L8.RR.001317 en handelde over het feit dat er toentertijd enkele mensen in het Mechelse waren, die de daders van de aanslagen in Parijs bejubelden en verheerlijkten. De adjunct-korpschef hield het inforapport tegen en dwong de opsteller telefonisch onder toezicht contact te nemen met de bron en deze te vragen opnieuw naar het commissariaat te komen. Wanneer de meldster dit weigerde werd de opsteller zwaar onder druk gezet om de tekst van het rapport aan te passen ... Met andere woorden: hij manipuleerde de zachte informatie.

Wat die man op dat ogenblik bezielde, was en is me nog steeds een raadsel.

» een tweede poging tot manipulatie deed zich voor op 28 december 2015. Er werd toen een informatierapport opgesteld met nummer 5906.15.L. L8.RR.001380. Het handelde over een zware ruzie inzake het opstellen van een vals geloofsattest voor een lid van Way of Life[75] dat deze nodig had voor zijn rechtszaak.

De Mechelse moskee-verantwoordelijken weigerden zulk een vals attest op te stellen.

Weer volgde een 'on hold'-zetten van het informatierapport in opdracht van de adjunct-korpschef. In het latere onderzoek van het Comité P verklaarde hij dat de zaak moest onderzocht worden. We hebben geen sporen van zijn onderzoek gevonden Enkele dagen na het blokkeren van het rapport vertrok hij uit Mechelen en werd opnieuw geparachuteerd bij (als diensthoofd van) de federale cel Terrorisme ...

Dat bij de cel Vreemdelingen in Mechelen geen slaafse ja-knikkers zaten zal u inmiddels al wel duidelijk zijn. We deden nazicht in de ANG[76] en stelden vast dat de Federale politie van Antwerpen bezig was met een onderzoek van valse geloofsattesten. Ons rapport werd per mail overgemaakt aan de Antwerpse onderzoekers.

---

75 Way of Life is de opvolger van Sharia for Belgium.
76 A.N.G.: algemene nationale gegevens databank.

Onze Antwerpse collega's toonden zich echte speurders en maakten gebruik van onze info. In dit onderzoek werden verschillende mensen aangehouden en veroordeeld, ja, zelfs tot voor het Hof van Beroep. De federale politie van Antwerpen kon onze informatie wel naar waarde schatten, de 'parachutist' kennelijk niet.

De aangeleverde zachte informatie door inspecteur H. was dus andermaal niet van verdachte bron, maar aanvullend en bevestigend aan de info die reeds in het bezit was van de politie.

# ⊕ De rapporten die de Mechelse korpsleiding blokkeerde

22/11/16 om 21:00 · Bijgewerkt op 30/03/18 om 10:12

**De korpsleiding van de Mechelse politie negeerde eind 2015 niet alleen een rapport met cruciale informatie over de schuilplaats van terrorist Salah Abdeslam. Ook vier andere gevoelige rapporten, die Knack kon inkijken, werden on hold gezet. Bleven ze uit de politiedatabank vanwege de 'starre houding' van korpschef Yves Bogaerts, of is er meer aan de hand?'**

DE BURGEMEESTER EN ZIJN KORPSCHEF Bart Somers en Yves Bogaerts. © Nicolas Maeterlinck/BelgaImage

November 2015. In de dagen na de aanslagen in Parijs probeerde de Mechelse inspecteur en radicaliseringsexpert Hamid A., ondanks zijn ziekteverlof, informatie in te winnen in een biotoop die hij als weinig andere agenten kende: de Maghreb-gemeenschap van Mechelen en die van de Brusselse kanaalzone. Zijn speurwerk wierp vruchten af. Ruim vier maanden voor de arrestatie van Salah Abdeslam, een van de terroristen die betrokken was bij de aanslagen, kwam hij achter diens schuiladres. Hij had ook informatie over een 'bezoekje' aan Anderlecht van Tarik Chadlioui, een berucht 'fondsenwerver' voor Syrië. En hij kwam meer te weten over N., een geradicaliseerde Frans-Algerijnse vrouw uit Jette die mogelijk een belangrijke rol speelt bij de IS en die geregeld verbleef in het Franse dorp waar Hasna Aït Boulahcen woonde, de nicht van Abdelhamid Abaaoud (ook Boulahcen en Abaaoud waren bij de aanslagen betrokken). Dichter bij huis had Hamid A. ten slotte lucht gekregen van de pogingen van de Mechelse imam Khalid Ouchan om een attest te krijgen waaruit moest blijken dat zijn geradicaliseerde broer Jawad een 'goede moslim' was.

Eind november en begin december 2015 gaf Hamid A. zijn informatie door aan J.M., commissaris van de Mechelse politie. Die stelde onmiddellijk drie informatierapporten op, zogenoemde RIR's. Maar kort daarna ging het mis. Anders dan het politiereglement voorschrijft, werden de meeste rapporten niet opgenomen in de Algemene Nationale Gegevensbank (ANG) van de politie. Onderzoek door het Comité P bracht aan het licht dat de verantwoordelijkheid daarvoor in de eerste plaats bij korpschef Yves Bogaerts en zijn toenmalige adjunct Johan Geentjens ligt. Op 8 december 2015 werd de inspecteur die de gegevens in de ANG moest opnemen gevraagd om, 'in afwachting van het standpunt van korpschef Bogaerts', de drie rapporten on hold te zetten. Diezelfde maand werden, opnieuw op bevel van de korpsleiding, nog twee informatierapporten uit de ANG gehouden. Ook een van die rapporten werd geschreven na een tip van Hamid A., de inspecteur die volgens zijn korpsleiding 'onbetrouwbare' info verstrekte 'naar bron en inhoud' en daarom geen plaats verdiende in de databank van de politie.

## De 'ongeloofwaardige' rapporten

Dat de informatie van Hamid A. allesbehalve onbetrouwbaar is, is inmiddels gebleken. Kort na de aanslagen in Zaventem en Brussel werd een van 'zijn' rapporten naar de pers gelekt: het rapport met de hint naar de mogelijke schuilplaats van Salah Abdeslam - dat verhaal haalde de wereldpers. Maar wat met de vier andere rapporten die door de korpsleiding on hold werden gezet? Onderzoek van *Knack* leert dat ook die documenten toch op zijn minst enige politionele aandacht hadden verdiend.

In het eerste rapport komt Tarik Chadlioui terug. De notoire haatprediker was, zo staat er te lezen, gespot in feestzaal Salle Dubai Palace in Anderlecht, mogelijk om er fondsen te werven voor Syrië - tot ongenoegen van een aantal aanwezige moslims. Het tweede rapport gaat over een jonge Marokkaan ('de zoon van Mohamed') uit de Zeepziederijstraat in Molenbeek. Samen met geradicaliseerde vrienden zou hij elke woensdag vergaderen in een zaaltje bij het zwembad van Sint-Joost-ten-Node.

Het derde rapport gaat in op imam Khalid Ouchan en zijn jongere broer Jawad, lid van de salafistische beweging The Way of Life, de opvolger van Sharia4Belgium. Het rapport maakt duidelijk dat de imam het attest voor Jawad had gevraagd aan de voorzitter van de Mechelse Al Buraq-moskee. Die had geweigerd, met klinkende ruzie tot gevolg. Khalid Ouchan werd vorige week samen met jihadexpert Montasser AlDe'emeh in een soortgelijke zaak veroordeeld.

Een laatste tegengehouden rapport is de vreemde eend in de bijt, omdat het niet door het speurwerk van Hamid A. tot stand kwam. Tipgever in het rapport is een dame die via Marokkaanse vriendinnen had vernomen dat in de Mechelse Al-Ikhlaas-moskee de aanslagen in Parijs werden verheerlijkt. Het rapport, opgesteld door een collega van Hamid A., werd vrijwel meteen en om onduidelijke redenen als 'ongeloofwaardig' gekwalificeerd door adjunct-commissaris Geentjens.

## Rammelend verhaal

Korpschef Yves Bogaerts heeft de fouten in dit dossier altijd toegeschreven aan inspecteur Hamid A. Die weigerde volgens hem om consequent zijn bronnen vrij te geven, waardoor er niets anders op zat dan de informatie als 'onbetrouwbaar' af te serveren. Bronnen binnen de Mechelse politie noemen dat onzin. Ze wijzen erop dat de bronvermelding pas in 2014 een vereiste werd, en vooral bij tips van inspecteur Hamid A. Ook het Comité P nam in zijn rapport geen genoegen met Bogaerts' verklaring. Het Comité verwijt de korpsleiding vooral een 'starre houding'. In Mechelen zou te veel aandacht zijn besteed aan het conflict met inspecteur Hamid A., en te weinig aan de essentie: de informatie zelf.

En daar houdt de kritiek niet op. Bogaerts heeft altijd beweerd dat hij die informatie uiteindelijk toch in de ANG wilde laten opnemen, maar dat dat niet gebeurde door een fout van een voor de rest onberispelijke medewerker: die zou geen gevolg gegeven hebben aan het schriftelijke verzoek van de korpschef. Dat verhaal rammelt, zo blijkt uit het onderzoek van het Comité P. Voorts blijft onduidelijk waarom de korpschef nooit opdracht gaf om de andere vier rapporten in de databank op te nemen.

Ondanks alle vraagtekens vond de Antwerpse procureur des Konings Anne-Marie Gepts geen reden om de korpsleiding te sanctioneren. Het strafrechtelijke onderzoek naar de affaire werd onlangs stopgezet 'bij gebrek aan een strafbaar opzet'. Dat wil niet zeggen dat er volgens het Antwerpse parket geen fouten zijn gemaakt. Het parket wijst op 'interne spanningen en gebrekkige communicatie' binnen het korps, en acht daarvoor in de eerste plaats de korpsleiding verantwoordelijk.

De Mechelse burgemeester Bart Somers (Open VLD) wil noch op het rapport van het Comité P, noch op de uitspraak van het parket reageren. Ook Johan Geentjens, inmiddels gepromoveerd tot directeur van de centrale dienst Terrorisme van de federale politie, was niet bereid tot commentaar.

Over de werking van het Mechelse korps wordt de komende dagen en weken nog gesproken in de onderzoekscommissie naar de aanslagen in Brussel onder leiding van Patrick Dewael (Open VLD). Tegen de Mechelse korpsleiding loopt ook nog een klacht van inspecteur Hamid A. wegens laster en eerroof.

DOOR JEROEN DE PRETER

Het parket acht de Mechelse korpsleiding verantwoordelijk voor 'interne spanningen en gebrekkige communicatie'.

U krijgt 3 ⊕ artikelen per maand gratis

**Knack**

## ROL VAN HET PARKET BIJ HET NIET DOORSTUREN VAN DE R.I.R.'S

Om zich in te dekken had de Mechelse politietop een zogenaamd vertrouwelijk rapport opgesteld gericht aan de b.o.m.-Magistraat van het Parket Antwerpen met vragen over de informatierapporten.

Men kreeg snel duidelijke antwoorden:

» de informatierapporten onmiddellijk te vatten in de algemene gegevens databank. (A.N.G) (in niet politie taal: doorsturen!)
» de behandeling van de zachte informatie was geen materie voor de b.o.m.-Magistraat.
» bij de inspecteur H.A. moest navraag worden gedaan naar zijn bronnen. En er moest teruggekoppeld worden naar het Ambt van de Procureur des Konings. Klare taal kan men zeggen.

Een antwoord dat men duidelijk in Mechelen niet verwachtte, dus moest men creatief omgaan met dit teleurstellend antwoord. Men voerde dan de tijdelijke amnesie aan van een politieman, die zich gewillig liet gebruiken. Men kan zich ernstige vragen stellen bij de beroepsethiek en moraliteit van deze man. Hij zal later nog voorkomen.

Het derde deel van de opdracht werd wel uitgevoerd. Ik kreeg de twee leidende figuren van de opsporingsbrigade op mijn bureel, die me aan de tand kwamen voelen over de bronnen. Buiten wat dreigen dat er een vertrouwelijk verslag lastens mij en mijn gewezen medewerker inspecteur H.A. was opgesteld voor het parket kwam men niet. Het waren niet bepaald de scherpste messen uit de lade die ik op mijn bureel kreeg. Ik vroeg om verhoord te worden, maar dit hoefde niet.

Het parket Antwerpen-Mechelen ging niet verder in op de zaak en controleerde het doorsturen van de rapporten niet.

Toen na de aanhouding van Salah Abdeslam en de aanslagen in Brussel de zaak aan het licht kwam, hulde het vernoemde parket zich in stilzwijgen.

Meer zelfs, het ging zich vreemd gedragen naar mijn bescheiden mening.

Ik had bij het Comité P formeel klacht ingediend tegen de Mechelse politietop en een diepgaand onderzoek gevraagd. Bij aanvang van het verhoor kreeg ik te horen verhoord te worden als verdachte, dit in opdracht van mevrouw de procureur ... Enige motivatie hiervoor werd totaal niet gegeven.

Het werd nog merkwaardiger: na het onderzoek door Comité P werd het dossier opgesplitst. Eén deel werd overgemaakt aan de parlementaire onderzoekscommissie en een ander deel werd overgemaakt aan het parket van Antwerpen om het strafonderzoek verder te zetten.

Het strafonderzoek werd quasi onmiddellijk geseponeerd: dame Justitia vond dat de politiemensen in Mechelen slecht communiceerden.

Had dame Justitia ook last van selectieve amnesie? Want de communicatie tussen het Antwerps parket en de politieleiding van Mechelen was ook niet optimaal. Ik verwijs hier naar het niet uitvoeren van een opdracht, het doorsturen van de rapporten. Hun opdracht aan de Mechelse politieleiding was zo helder als mogelijk.

Of scheelde er iets anders ...?

## HOUDING VAN DE PARLEMENTAIRE ONDERZOEKSCOMMISSIE INZAK HET NIET DOORSTUREN VAN DE R.I.R.'S

Wanneer de zaak werd behandeld voor de parlementaire onderzoekscommissie veranderde de Mechelse politieleiding van tactiek. Ze trachtte verwarring te zaaien door voorgeschreven r.i.r.-procedure met de procedure voor de informantenwerking op één hoopje te gooien.

In het rapport[77] van de parlementaire onderzoekscommissie naar de aanslagen in Zaventem en op het metrostation Maalbeek staat op bladzijde 193 in het midden van paragraaf 40 letterlijk:

**"... In de zogenaamde zaak Mechelen-Willebroek ontstond er binnen de politie verwarring tussen de RIR-procedure en de specifieke procedure die geldt voor informanten. Voor het informantenbeheer werd een specifieke andere regelgeving uitgewerkt, gebaseerd op artikel 47decies het Wetboek van strafboek en het koninklijk besluit van 6/01/2011 tot bepaling van de werkingsregels van de nationale en de lokale informatenbeheerders en van de contactambtenaren.**

**Deze laatste procedure is dus wat het dan niet opstellen van een RIR betreft NIET van toepassing ..."**

Dit uittreksel uit het parlementair verslag spreekt boekdelen en is basiskennis voor kandidaten rechercheurs, maar niet voor de toenmalige Mechelse politieleiding. We gaan niet dieper in op het rapport omdat deze materie handelt over openbare veiligheid en dit niet in het openbaar besproken kan worden, in het belang van iedereen.

---

77 http://www.dekamer.be/FLWB/PDF/54/1752/54K1752008.pdf

Even dit, in de parlementaire onderzoekscommissie heb ik tijdens mijn ondervraging verwezen naar de commissie Verwilgen.

Men kwam toen tot besluit dat de info-doorstoringen en de info-verwerking toentertijd volledig fout liepen, met catastrofale gevolgen voor de kinderen destijds.

De huidige setting verschilt enigszins met de feiten in de jaren negentig.

Maar de essentie van de zaken zijn gelijklopend wat mij betreft, het niet correct doorstromen van levensbelangrijke informatie met catastrofale gevolgen. Er was misschien één groot verschil, in de casus Mechelen was het mijns inziens met kwaad opzet.

Ik weet, dit zijn zware, zeer zware woorden, maar de waarheid heeft zijn rechten!

# Mechelse politieman overtuigt, korpsleiding niet

BRUSSEL Zijn getuigenis stond niet op de agenda, maar gisteren hoorde de parlementaire onderzoekscommissie 22/3 wel degelijk **Hamid A.**, de Mechelse politie-inspecteur die in november 2015 een tip kreeg over de schuilplaats van Salah Abdeslam. Met die tip werd niet meteen iets gedaan, omdat korpschef Yves Bogaerts hem 'onduidelijk' en 'onbetrouwbaar' vond. A. is al een hele poos met ziekteverlof, hij wordt ook bedreigd *(DS 6 juni)* .

Volgens verschillende parlementsleden blijkt uit het relaas van Hamid A. dat hem weinig te verwijten valt. 'Hij heeft zijn werk gedaan', klinkt het. 'Ondanks zijn ziekteverlof heeft hij verschillende tips die hij kreeg – en die achteraf gezien erg bruikbaar waren – in een RIR *(informatieverslag)* gezet.'

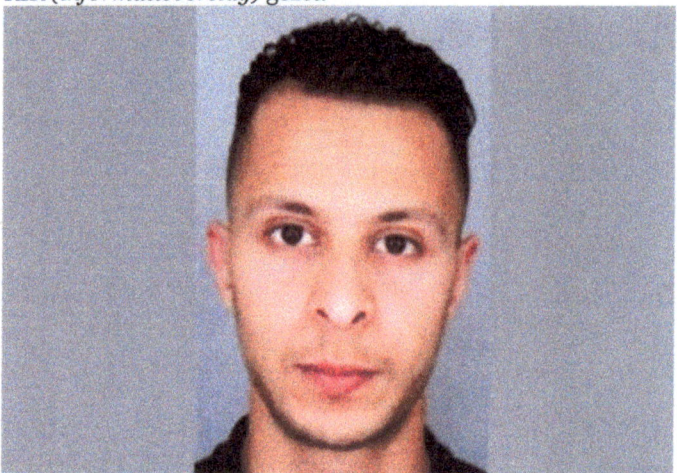

Salah Abdeslam

Na Hamid A. kwam **Johan Geentjes** aan het woord, de toenmalige adjunct-korpschef van Mechelen. Hij gaf toe dat op 7 december 2015 – twee weken na de aanslagen in Parijs – de link met Salah Abdeslam duidelijk vaststond. Hij zou schuilen bij zijn neef Abid Aberkan in de Vierwindenstraat in Molenbeek. Een commissielid: 'Het is voor ons werkelijk onbegrijpelijk waarom de Mechelse politie op dat moment niet heeft ingegrepen. Er is daar onomstotelijk een fout gebeurd.' Niet het minst omdat het parket aandrong om de info in de Algemene Nationale Gegevensbank (ANG) op te nemen.

'Het is voor ons werkelijk onbegrijpelijk waarom de Mechelse politie niet heeft ingegrepen toen de link met Salah Abdeslam duidelijk vaststond'

Korpschef **Yves Bogaerts** stond als laatste op de agenda. Het Comité P stelde eerder al vragen bij zijn optreden, maar onder meer het parket én de Mechelse burgemeester Bart Somers (Open VLD) hebben hem altijd ten volle gesteund.

De komende zittingen buigt de commissie zich voornamelijk over de informatiedoorstroming. De langverwachte passage van minister van Binnenlandse Zaken **Jan Jambon** (N-VA), die volgens de oppositie 'wat uit te leggen heeft', is voorzien op 19 december. *(mju)*

Meer info:

Verschenen op dinsdag 6 december 2016

## TERUGBLIK

Als ik terugkijk op deze tragische periode, overvallen me twee uiterst negatieve gevoelens.

Ten eerste: een gevoel van verschrikkelijke afschuw en walging naar de daders van de aanslagen.

Ten tweede: afkeer naar het oerdom en macaber cynisme waarmee het niet versturen van de inforappoten werd geargumenteerd. Men negeerde koudweg het feit dat deze inforapporten mogelijk de gruwelijke feiten te Zaventem en Brussel hadden kunnen voorkomen. De verantwoordelijken in Mechelen volhardden in de boosheid. Het werd zelfs hallucinant toen een "nuttige overwerkte idioot" werd opgevoerd. Deze man maakte een klein foutje, door de rapporten niet te versturen ...dixit de korpsoverste![78]. Waar men als de dood over zwijgt, is het feit

---

78 Uitspraak in de krant De Morgen van 11 juni 2016. Artikel: 'De gouden tip over Salah Abdeslam lag al die tijd in Mechelen. Waarom gebeurde er niets mee?' dixit Douglas De Coninck

143

dat men eind 2015, begin 2016 een akkoord had gesloten met de lokale politie van Sint Jans Molenbeek om de gegevens uit te wisselen op het vlak van radicalisme. Men heeft nog niet de moeite genomen de zachte informatie te checken met de lokale politie van Sint Jans Molenbeek. Hier blijkt de onwil om met de zachte info aangeleverd door inspecteur H. te werken. Onvoorstelbaar!

Ik wil even een vergelijking maken met een andere tip over de gebroeders Abdeslam. Deze zaak werd in de commissie behandeld achter gesloten deuren op 23 november 2016.

Een getuige genoemd X had een anonieme tip gekregen in juli 2014 dat er gebroeders sterk aan het radicaliseren waren, later werden de broers vereenzelvigd als de broers Abdeslam. Deze zachte informatie werd niet breed uitgespreid in de pers en de bronnen werden niet omschreven als onbetrouwbaar en verdacht.

De anonimiteit van de bron werd gerespecteerd. Voor alle duidelijkheid: ik ken de inhoud van het dossier niet. Maar wat een verschil met het Mechels dossier!

Van enig voortschrijdend inzicht is tot heden totaal geen sprake. Wel integendeel, de toenmalige korpsleiding probeert nog steeds aan te voeren dat de informatie totaal waardeloos was!

## VALENTIJNSNACHT 2016

*Tijdens de Valentijnsnacht van 2016 deed zich iets voor dat ik wil delen.*

*Bij mijn opzoekingswerk voor dit boek kwam ik één en ander aan de weet. Ik wil en kan hier niet vrijuit over praten, daardoor zouden mensen in gevaar kunnen gebracht worden. Dit kan zeker niet de bedoeling zijn. Maar misschien moet men de zaak eens onderzoeken en zal het andermaal weer eens blijken hoe fout men in Mechelen handelde door de rapporten achter te houden.*

*In de Valentijnsnacht van 2016 zou de lokale politie van Sint Jan Molenbeek tweemaal een oproep gekregen hebben wegens een inbraakmelding aan het adres ... Vierwindenstraat 78 in Sint Jans Molenbeek. De meldingen zouden geweest zijn rond 00.30 en 03.30 uur. Er zou tweemaal een patrouille ter plaatse zijn geweest. De inspecteurs konden niets vaststellen.*

*In werkelijkheid zouden mensen die zich in het pand 78 van de Vierwindenstraat ophielden, het pand langs de achterzijde verlaten hebben, dit om 00.30 uur met het nodige lawaai.*

*Om 03.30 uur zouden dezelfde (?) personen terug langs dezelfde weg het pand zijn ingedrongen weer met het nodige lawaai. Wat opnieuw tot een tweede oproep leidde, zonder vaststellingen.*

Wat we uit dit voorval kunnen afleiden, is:

» dat het safe-house Vierwindenstraat 78 al langer in gebruik was dan wordt aangenomen.
» dat de verantwoordelijken van de politiezone MeWi nalieten hun collega's in Sint Jans Molenbeek in kennis te stellen van het inforapport over de Vierwindenstraat 78. Mocht dit wel het geval zijn, zou de patrouille die ter plaatse werd gezonden goed geïnformeerd zijn geweest.
» mogelijk konden de daders veel vroeger gevat worden en zou het aangericht leed kunnen voorkomen worden ...
» het feit is een bevestiging dat onze informatie correct was en niet verdacht.

Het opzettelijk en kwaadaardig niet doorsturen van de informatiebulletins en de afhandeling van het dossier lieten bij ons een zeer wrang gevoel na. Maar wat daarna gebeurde met onze medewerker, inspecteur Hamid, tart de verbeelding van elk rechtgeaard mens. Het is gewoon misselijkmakend, ik verloor er na veertig jaar dienst bijna mijn geloof in de rechtsstaat door.

# VI

## FEDERALE TASKFORCE SYRIË

Michéle Conincx van Eurojust schudde in het voorjaar van 2013 Europa wakker met de melding dat Europese jongeren gingen vechten in Syrië.

België zou één van de koplopers zijn van waaruit verhoudingsgewijs de meeste jongeren vertrokken.

In de pers werden de steden Antwerpen, Brussel, Vilvoorden en Mechelen genoemd, als plaatsen vanwaar verschillende jihadistische strijders vertrokken waren naar Syrië. Ze zouden in Syrië zich aansluiten bij aan Al Qaïda gelinkte groeperingen.

Het uitlekken van het vertrek van Syrië-strijders uit Mechelen verbaasde ons sterk.

We hadden hiervan niets, maar dan ook niets opgevangen, evenmin als iets van de vertrekkers uit de andere genoemde steden.

Onmiddellijk trokken we op veldonderzoek en tot onze opluchting was de Mechelse Mahgreb even verbaasd over de meldingen als wij. Bij de gemeenschap was totaal niets gekend van vertrekkers: het bericht kwam als een donderslag bij heldere hemel.

We deden direct discreet nazicht naar het feit dat de meest radicale elementen in het Mechelse nog op hun adres verbleven.

We konden niet vernemen dat er iemand vertrokken zou zijn; de gemeenschap vermelde ons geen vertrekkers. Dit werd ons langs verschillende zijden gemeld.

Maar het vertrek van een enkeling viel nooit uit te sluiten ook vanwege het feit dat de familie dit niet zou durven melden uit schaamte.

Het leek erop dat vanuit Mechelen niemand was vertrokken, maar een absolute zekerheid was dit niet. Dit in tegenstelling tot de andere geciteerde steden, waar dit wel het geval was. Uiteraard maakten we ons wel zorgen. Vilvoorde is slechts op enkele kilometers van Mechelen gelegen en daar was de toestand veel erger. Dus aandacht was meer dan nodig.

De toestand was terecht zeer alarmerend en de regering besloot een commissie op te richten die de toestand strikt op de voet zou opvolgen en aanbevelingen zou uitwerken. Deze commissie kreeg de naam, Federale Taskforce Syrië (F.T.S.). Ze kwam wekelijks bij elkaar in het crisiscentrum in de Hertogenstraat te Brussel.

Ze was als volgt samengesteld:

» een referentiepersoon van de federale dienst binnenlandse zaken
» een referentiepersoon van de federale dienst buitenlandse zaken
» een referentiepersoon van het federaal parket
» een referentiepersoon van O.C.A.D.[79]
» een referentiepersoon van de staatsveiligheid
» een referentiepersoon van de inlichtingendiensten van defensie
» een referentiepersoon van het crisiscentrum
» een referentiepersoon van de federale terrorisme cel.
» een referentiepersoon van de lokale politiezones Antwerpen, Brussel, Vilvoorde, Mechelen en in een later stadium Genk

---

79 66 O.C.A.D.: coördinatieorgaan voor de dreigingsanalyse

Het voornaamste takenpakket van de commissie bestond erin:

» een duidelijke beeldvorming te geven van de aanwezigheid van Belgische staatsburgers in Syrië en hun deelname aan de strijd en tot welke gevechtsgroepen ze behoorden.
» een modus operandi uitwerken voor de opvang van mogelijke terugkeerders
» aanbevelingen opstellen en uitwerken voor burgemeesters en korpschefs.
» een referentiepunt en meldpunt uitwerken voor lokale besturen en burgers.
» werken als draaischijf en informatieplatvorm voor de preventie- en lokale politiediensten.

Op de stichtingsvergadering op 25 maart 2013 waren we niet aanwezig, maar vanaf de tweede vergadering waren we trouw wekelijks aanwezig op de vergaderingen. Met we bedoel ik mezelf of mijn medewerker inspecteur H. Wij waren allebei de enigen die in het bezit van de vereiste veiligheidsmachtigingen[80] waren binnen het Mechelse korps.

Op de inhoud van de besproken items kunnen we niet ingaan, zonder ons schuldig te maken aan het schenden van ons beroepsgeheim.

We kunnen wel een tipje van de sluier oplichten en de kennis van de participanten inzake radicalisme en extremisme bekijken.

Het was ons onmiddellijk duidelijk dat de politie in de begin periode (2013) niet voorbereid was op de fenomenen, radicalisme en extremisme. Een van de spreekwoordelijke uitzonderingen was de politie van Antwerpen: ze hadden enige expertise opgebouwd in hun strijd met Fouad Belcacem en zijn Sharia4Belgium.

Anderzijds kan gezegd worden dat de inlichtingendiensten veel meer kennis hadden over de fenomenen. We wensen hier aan

---

80 Deze veiligheidsmachtigingen worden pas afgeleverd na een grondige en integrale doorlichting van de houder door de federale politie.

te stippen dat het O.C.A.D. een sterke meerwaarde betekende. Met enige vorm van chauvinisme durf ik te stellen dat één van hun betere analisten een Mechelaar was.

Ze gaven een schitterende uiteenzetting en analyse over de aanwezigheid van de Belgian Foreign Fighters in Syrië en tot welke groepen ze behoorden. Gedurende gans de bijeenkomsten van de Federale Taskforce Syrië zou het O.C.A.D. zijn leidende positie behouden, zelfs nog versterken.

De inbreng van de federale cel Terrorisme was ronduit zwak en ondermaats.

Ik sta niet alleen met deze stelling, de parlementaire onderzoekscommissie naar de aanslagen had heel wat opmerkingen over deze dienst.

De reden van het falen van de cel moet vooral gezocht worden in het mis- management van de leiding.

We kunnen stellen dat de taskforce een nuttig overlegforum was, waar inlichtingen werden uitgewisseld en een te volgen beleid werd besproken tussen de participerende diensten.

Na de parlementaire verkiezingen van 2014 en de daaraan gekoppelde vorming van een nieuwe regering stierf de taskforce begin 2015 een stille dood.

# VII

# DE VATTING VAN SALAH ABDESLAM EN DE AANSLAGEN IN ZAVENTEM EN BRUSSEL

## 18 MAART 2016

Op de E17 ergens tussen Kortrijk en Gent vernam ik in de late namiddag via mijn autoradio het nieuws van de vatting van de voortvluchtige Salah Abdeslam. De terrorist was gevat in Sint Jans Molenbeek bij de moeder van zijn neef.

Ik zal nooit dit moment vergeten, ik kon mijn oren niet geloven. Dat bericht betekende dat ons informatierapport over één van zijn safe-houses juist bleek te zijn!!!

Om zeker te zijn, pleegde ik enkele telefoontjes naar vrienden waaronder inspecteur H. Allen bevestigden het nieuws, het was dus zeker.

Zij die dachten dat inspecteur H. of ik zelf op dat ogenblik in een soort hoerastemming waren, hadden het helemaal verkeerd. We voelden ons beiden gelaten en genegeerd, maar anderzijds gaf het feit ons een sterke energetische boost. We zouden niet op ons hoofd laten zitten, dat was zeker. Er zou actie komen, ik zou een klacht indienen bij het Comité P en een grondig onderzoek vragen naar het opzettelijk niet doorsturen van alle informatierapporten.

# DE AANSLAGEN

Wanneer ik op 22 maart 2016 om 08.04 uur een gsm-oproep ontving, bedacht ik bij mezelf: wat een vroege vogel. Ik was daags voordien met enkele vrienden in Brussel en Sint Jans Molenbeek op stap geweest, onze uitstap eindigde laat in het prima visrestaurant L'Antarctique aan de Stalingradlaan te Brussel. Toen ik opnam, werd ik van mijn sokken geblazen: mijn dochter Isabelle, panisch wenend aan de lijn: "Papa, papa, asjeblief help mij, wat moet ik doen, er ontploffen bommen hier in Zaventem ..." Op de achtergrond hoorde ik krijsende mensen en veel lawaai. Op dat ogenblik staat de wereld stil, in een eerste opwinding wil je direct naar Zaventem gaan om je dochter te gaan te helpen. Maar onmiddellijk snap je dat zoiets gewoon niet kan. Mijn adrenaline zorgde ervoor dat ik helder en rustig kon blijven denken.

*Ik gaf mijn dochter telefonisch instructies hoe ze de plaats van het onheil zo snel mogelijk moest verlaten, we hielden steeds telefonisch contact. Isabelle maakte zich zorgen wat er met de andere mensen zou gebeuren. Kordaat heb ik haar gestuurd tot ze in veiligheid was.*

*Ik vreesde een dubbele aanslag, wat vaak het handelsmerk van terroristen à la Al Qaïda was. Zeker daar de plaats waar mijn dochter zich bevond cruciaal zou kunnen geweest zijn voor terroristen die een tweede aanslag plegen.*

Helaas was mijn vrees niet onterecht en gebeurde ongeveer één uur later een tweede, zware en laffe aanslag, ditmaal op het metrostation in Maalbeek.

Tijdens het telefoontje van mijn dochter zette ik mijn televisietoestel aan, maar er was op dat moment nog geen berichtgeving op de Vlaamse zenders, evenmin op internet.

Mijn vrienden die ik met het nieuws telefoneerde, wisten op dat ogenblik nog van niets.

Een tijdje later kwamen de eerste verschrikkelijke meldingen op televisie en ik bleef gans de dag aan mijn beeld gekluisterd zitten. Ook de volgende dagen.

# VIII

## ONDERZOEK COMITÉ P

### INLEIDING

Op 18 juli 1991 werd de wet die het toezicht regelt op de politiediensten door de koning bekrachtigd.

De doeleinden van deze wet waren tweedelig:

» het waarborgen van de bescherming van de rechten die de Grondwet en de wet aan personen verlenen.
» te zorgen voor de coördinatie en de doelmatigheid van de politiediensten.

De wet is van toepassing op de politiediensten en alle ambtenaren die een politionele functie krijgen.

Het toezicht kan gebeuren op twee wijzen:

» 1° door het Vast Comité P; ze kunnen een onderzoek starten op vraag van het parlement, of van de bevoegde minister en tenslotte van ambtshave.
» 2° door de Dienst Enquêtes; deze kunnen een onderzoek ambtshalve, of op klacht of aangifte of in opdracht van het Vast Comité.

Een onderzoek wordt afgesloten door:

» een sepot met redenen omkleed. Er wordt geen gevolg geven aan het onderzoek en het Vast Comité omschrijft de reden waarom het overgaat tot het klasseren zonder gevolg.

» er wordt door het Vast Comité een verslag opgesteld voor het parlement, de bevoegde minister of bevoegde dienst.

» Indien er door het Vast Comité strafbare feiten worden vastgesteld, wordt het dossier aan het bevoegde parket overgemaakt voor verder onderzoek.

## DE BEHANDELING VAN MIJN EERSTE KLACHT

Op 21 maart 2016 diende ik via mijn raadsmaan meester Cloonen officieel een klacht in, tegen de toenmalige Mechelse korpsleiding wegens het opzettelijk niet doorsturen van zes informatierapporten. Dit was dus drie dagen na de vatting van Salah Abdeslam en één dag voor de aanslagen in Zaventem en Brussel. Na de aanslagen ging alles razendsnel.

Op 25 maart 2016 's morgens verscheen aan mijn adres een dienstwagen, er werd hard en indringend aangebeld en op de voordeur gebonsd. Mijn echtgenote telefoneerde me gelijktijdig vanop haar werk, duidelijk overstuur dat de politie aan haar loket stond van het stedelijk zwembad en op brutale en intimiderende wijze vroege waar ik uithing.

De politie-inspectrice die het woord voerde, was blijkbaar met het antwoord van mijn echtgenote niet tevreden en bleef in de hal van het zwembad rondhangen.

Ik stelde mijn echtgenote gerust en deelde haar mee de inspectrice niet meer te woord te staan en haar leidinggevende mee aan het loket te vragen als getuige bij mogelijke eventualiteiten.

Ik zou ondertussen contact opnemen met meester Cloonen in Antwerpen.

In het kantoor vernam ik dat meester Cloonen op het justitiepaleis was en niet onmiddellijk bereikbaar. Het kantoor kende mijn zaak en zou zijn uiterste best doen om meester Cloonen te bereiken.

Na een uur wachten, kreeg ik hem uiteindelijk aan de lijn en hij vertelde me dat het Comité P hem gevraagd had de elektronische versie van de klacht hen eveneens over te maken. Men was schijnbaar zeer gehaast en men wou me zo snel mogelijk verhoren. Meester Cloonen zei me nog bij het afsluiten van ons gesprek: 'Jan, bel me als je binnengaat en bel me ook als je buitenkomt. Ik sta achter je en zal alles doen om je te helpen.' Ik stond niet echt stil bij deze woorden, maar ze bleven toch hangen.

Later zou het me duidelijk worden waarom de advocaat me dit zei.

Ik nam contact op met het Comité P en ze stonden erop dat ik onmiddellijk kwam voor verhoor. Ik liet me afzetten in de Koningstraat en wandelde vandaar naar de Drukpersstraat.

Om stipt 12.00 uur begon mijn verhoor met het overhandigen van de 'verklaring van uw rechten' in de zogenaamde Salduz-procedure. Ik werd op last van de behandelde procureur verhoord als verdachte. Ik begreep onmiddellijk het zinnetje van mijn raadsman: bel me als je binnengaat en als je buitenkomt. Ik had zijn raad wel opgevolgd. Ik liet mijn twee ondervragers de Salduz-procedure maar uiteenzetten, ik luisterde niet echt. Door mijn hoofd gierde de gedachte: je bent verdachte in een zaak waar 32 doden vielen en een onnoemlijk grote schade werd aangericht. Ik moest even mijn draai vinden: gedurende bijna 37 jaar had ik langs de andere zijde van het bureau gezeten.

Het was een moeilijke situatie, maar moeilijk gaat ook. Het verhoor verliep correct.

Op het einde werd ik met de beelden van de persconferentie van de korpsleiding geconfronteerd. Op deze persconferentie werd gezegd, we citeren: "Er is geen informatie bewust achtergehouden en er zijn geen dossiers ON HOLD gezet door de korpsleiding."

"Ik betreur dit omdat het een grove leugen is," was mijn antwoord.

Op de beelden werd gezwaaid met de r.i.r. over Salah Abdeslam. Ik meende daarop te zien dat de gebruikscode was vervalst. Op dat ogenblik heb ik gezwegen en wou het feit eerst thuis controleren. Het klopte inderdaad: de gebruikscode was vervalst. Ik heb dan onmiddellijk het Comité aangetekend ingelicht met de bewijzen erbij. Men loog niet alleen, neen, men vervalste stukken en men gebruikte deze vervalste stukken ...

Mijn collega's van de cel Vreemdelingen werden verhoord. Ook de korpsleiding werd verhoord.

Het onderzoek van Comité P werd afgesloten in twee luiken:

» het eerste luik betrof een eindverslag opgesteld voor de parlementaire onderzoekscommissie.

» een tweede luik was het strafonderzoek dat werd overgemaakt aan het parket van Antwerpen. In een begeleidend schrijven meldde de ondervoorzitter van het Vast Comité P dat er mogelijke aanwijzingen bestonden van de schending van artikel 44 paragraaf 11 van de Wet op het Politieambt. Verder onderzoek was gewenst door de Procureur des Konings te Antwerpen ... (schrijven d.d. 19 mei 2016) Heel duidelijk dus, niet?

Er werd dus door het Comité P niet geseponeerd, zoals in de pers werd gesuggereerd.

De Procureur des Konings te Antwerpen seponeerde het dossier zeer snel met de motivatie dat het een communicatiestoring was. Klopt deels, maar wie was verantwoordelijk voor deze opzettelijke storing met mogelijk zulke verschrikkelijke gevolgen?

## BEHANDELING VAN MIJN
## TWEEDE KLACHT

Mijn tweede aangifte gebeurde schriftelijk op 22 mei 2019. Ik vroeg een onderzoek wegens zware politionele disfuncties in een onderzoek naar kinderporno en het misbruik van dit dossier.

Het Comité P verklaarde mijn klacht ontvankelijk en een onderzoek werd opgestart. Ik werd verhoord op 26 juni 2019. We geven een kort feitenrelaas.

De feiten namen een aanvang in het najaar van 2012.

Toen deed iemand aangifte van het feit dat er kinderpornografie zou te vinden zijn op een computer van een Mechelse moskee. Als bewijs hiervan werden onduidelijke beelden getoond op het kleine scherm van een mobiele telefoon. De zaak leek ons niet koosjer om het zo te zeggen. Maar het onderwerp lag zo gevoelig, dat een informatieonderzoek zich opdrong. Onze bevindingen werden geacteerd in een proces-verbaal dat werd overgemaakt aan het Parket. Uiteraard werden de korpsleiding en de gespecialiseerde recherche onmiddellijk in kennis gesteld. Door deze laatste zou een gerechtelijk onderzoek ingesteld worden.

In de wandelgangen hoorden we dat ons onderzoek niet veel voorstelde, het werd een lege doos genoemd.

Na een periode van vijf maand verscheen de aangever terug op ons bureel en dreigde naar de pers te stappen omdat de politie niets deed tegen kinderpornografie.

Samen met een collega stapten we naar het parket en na wat lobbywerk kregen we toestemming om de zaak verder te onderzoeken. De recherche had in de eerste vijf maand totaal niets gedaan met dit dossier.

Na onderzoek door het C.C.U.[81]-afdeling Mechelen bleek er op de harde schijf van een computer een grote hoeveelheid pornografie te staan waartussen beelden van kinderpornografie te vinden waren. Het C.C.U. kon of wou deze beelden niet in een afzonderlijk bestand vatten.

Binnen de cel Vreemdelingen werden een aantal afbeeldingen van duidelijke pornografische afbeelden met minderjarigen gevonden De beelden waren als onderzoeksmateriaal opgeslagen op twee u.s.b.-sticks.

De pornografische beelden met minderjarigen werden ter kennis gebracht van de korpsleiding, en het parket.

In de wandelgangen van het korps vernamen we nog steeds dat het onderzoek een lege doos was. Ik wens even mee te geven dat er twee foto's tussen zaten met duidelijke verkrachtingen van minderjarigen, waar het lijden op het gezicht van de kinderen duidelijk te lezen stond ...

Kort samengevat: het onderzoek werd geseponeerd door de aangestelde onderzoeksrechter.

Als democraat dienden we ons bij deze beslissing neer te leggen, zij het dat dat zeer moeilijk was. We hebben nog enkele pogingen ondernomen om het dossier terug in de belangstelling te krijgen. Maar laat ons zeggen dat dit ondeugdelijke pogingen betroffen tot onze grote frustratie.

In het voorjaar 2016 kreeg een brief in handen. De brief deed me naar adem happen en was schokkend. Dit om twee redenen. We citeren:

**"... Kosten noch moeite werden gespaard om een diepgaand onderzoek te voeren. Gespecialiseerde onderzoekseenheden van de federale politie hebben het onderzoek van de recherche van de lokale politie Mechelen-Willebroek ondersteund. Gezien uit het onderzoek niet kon vastge-**

---

81 C.C.U. (computer crime unit) is gespecialiseerd in onderzoeken informatica gerelateerd. Is een onderdeel van FGP Mechelen

**steld worden dat straf-rechterlijk gesanctioneerde feiten gepleegd werden, laat staan dat deze toegeschreven konden worden aan individuele personen, drong een buitenvervolging zich dan ook noodzakelijkerwijze op ..."**

Toen ik naar de ondertekenaars van de brief keek, moest ik even gaan zitten.

Wat zat er achter deze move? Ik kon er enkel naar gissen. Ik hield het document zorgvuldig bij en sprak er met niemand over.

Op 15 oktober 2018 werd mijn gewezen medewerker aangehouden wegens het bezit van pornografie met minderjarigen.

Ik haastte me naar de hulpgevangenis van Leuven waar hij opgesloten zat om verhaal te halen. Inspecteur H. vertelde me dat men op dragers bij hem het oude politiedossier gevonden had; integraal, men zag dus duidelijk dat het een politiedossier was. Ik zei dat dit zeer merkwaardig was en dat ik in het bezit was van een brief dat het parket in 2013 deze beelden omschreef als niet strafbaar.

Onmiddellijk na mijn bezoek aan de gevangenis ondernam ik actie en werd ontvangen door het diensthoofd van de federale cel Kinderpornografie. Van hem vernam ik dat zijn diensten NOOIT een onderzoek hadden uitgevoerd, de man was formeel. Hij zou trachten iets te doen, wat niet gemakkelijk zou zijn, het betrof immers een geseponeerd dossier! Misschien kon het Federaal Parket soelaas brengen.

Het enige wat ik nog kon doen was het Comité P vragen een onderzoek te starten en vooralsnog, de minderjarigen te identificeren, evenals de dader(s).

Alle hoop was immers nog niet verloren, want de verjaringstermijn voor het misdrijf kindermisbruik bedraagt 30 jaar.

Snel een feitenrelaas opgesteld voor het Comité P en verstuurd op 26 juni 2019 werd ik verhoord desbetreffende, en neen ditmaal niet als verdachte.

# IX

## DE PARLEMENTAIRE ONDERZOEKSCOMMISSIE

### BEKENDMAKING VAN HET EINDVERSLAG VAN DE PARLEMENTAIRE ONDERZOEKSCOMMISSIE

Eindelijk, na lang wachten, werden de besluiten van de parlementaire onderzoekscommissie naar de terroristische aanslagen op de luchthaven van Zaventem en het metrostation van Maalbeek kenbaar gemaakt!

Na ons verschijnen voor de commissie op 5 december 2016 in het zogenaamd 'Mechels luik' hebben we vol ongeduld zitten wachten op de publicatie.

Aanvankelijk was de publicatie gepland voor eind maart. Het zou dan juist één jaar geleden zijn dat deze verschrikkelijke feiten gebeurden.

Vol aandacht volgden we via Deredactie.be live de persconferentie over de bekendmaking van het eindverslag van de commissie.

Voorzitter Dewael nam als eerste het woord en deelde mee dat er een verslag was opgesteld van méér dan 500 pagina's. Er werd sterk benadrukt dat alle partijen, die vertegenwoordigd in de commissie waren, tot een consensus kwamen. Dit onder het motto: *"datgene wat ons bindt is sterker en belangrijker, dan wat ons scheidt".*

België was geen failed state, maar er zat wel zand in de motor.

De voorzitter benoemde enkele grote krachtlijnen, waar rond de politie en veiligheidsdiensten moeten samenwerken, met name:

» alle diensten werkten te veel op zichzelf. Deze werkwijze werd omschreven als eilandvorming.
» Er moest echt werk gemaakt worden van het uitwisselen **van de informatie.**
**You need to share information.**
» Het fenomeen radicalisme moest integraal worden aangepakt. Repressie, preventie en infogaring waren even belangrijk. De rol van de wijkagent was belangrijk. Later zullen we hierop nog terugkomen.
» Een goedlopend raderwerk diende goed geolied te worden! De voorzitter pleitte voor meer mensen en middelen.

Vervolgens kwam elke fractie van de commissie aan het woord en ze gaven een korte toelichting.

We moeten zeggen dat er een strakke goede regie werd gehanteerd door de ervaren commissievoorzitter.

Een eerste korte opmerking bij de opsomming van de grote krachtlijnen: er werd geen enkele brug geslagen naar de allochtone gemeenschappen.

Zij zijn en zullen steeds een zeer belangrijke pijler blijven om het fenomeen religieus radicalisme te omschrijven en in te dijken. Publicatie van het derde tussentijds verslag getiteld: 'Veiligheidsarchitectuur'

Op 21 juni 2017 ontvingen we in onze mailbox een bestand met het meer dan 500 pagina's tellende, derde tussentijds verslag over het onderdeel "Veiligheidsarchitectuur".

Na veel leeswerk kunnen we zeggen dat dit rapport meer dan degelijk is. Al hebben we ook aanmerkingen, maar daarover later meer. De bundel is een must voor elke politieman die op het vlak van radicalisme werkt.

We willen en kunnen niet ingaan op de inhoud van dit verslag, dit in het belang van de openbare veiligheid van ons land.

## GOEDKEURIG COMMISSIEVERSLAG
## IN DE KAMER VAN
## VOLKSVERTEGENWOORDIGING

De goedkeuring van het verslag van de parlementaire onderzoekscommissie naar de aanslagen te Zavemtem en Maalbeek gebeurde op 25 oktober 2017 in plenaire zitting van de Kamer van Volksvertegenwoordiging.

Vol verwachting namen we plaats op de publiekstribune van de kamer om de debatten te volgen. Zouden de vaststellingen van het rapport over de zaak Mechelen verduidelijkt worden of niet?

Als eerste spreekster kwam mevrouw Laurette Onkelinx aan het woord. In haar voor mij bevlogen speech omschreef ze, tot mijn grote opluchting, racisme als oorzaak van het niet doorsturen van de Mechelse rapporten. Later zou de fractievoorzitter van de P.S. deze stelling nog eens herhalen vanop het spreekgestoelte.

Van Hecke, Stefan van Groen noemde het niet doorsturen van de rapporten misschien een gemiste kans om Salah, Abdeslam vroeger te vatten ...

Eindelijk na al die maanden van strijd werd het onrecht dat was gecreëerd correct benoemd in 's lands hoogste rechtsinstelling!

Criticasters zullen wel direct opmerken dat het de oppositiepartijen waren die de kat de bel aanbonden en dat de meerderheidspartijen zwegen.

Ik wil hen wel opmerken dat alle sprekers zonder enig onderscheid vermelden dat de besluiten van de commissie unaniem waren, dus ook hun woorden.

Belangrijk om nog te vermelden is het feit dat er een opvolgingscommissie in het leven zou geroepen worden om de aanbevelingen op te volgen.

Op 25 oktober 2017 werd het verslag van de onderzoekscommissie in plenaire zitting van de kamer goedgekeurd. Ik was op de publiekstribune van de Kamer aanwezig en wat ik daar hoorde maakte me toch niet echt blij. Ik laat u zelf oordelen.

De oppositie benoemde de feiten correct. De meerderheid zweeg in alle talen, wat toch wel opmerkelijk is. Moedig kan men deze houding moeilijk noemen. Men kan zich afvragen of deze houding maatschappelijk te verantwoorden is; ik ben overtuigd van niet. We kunnen zeggen dat de feiten niet veranderen door het ontkennen van de waarheid, hoe hard men ook probeert. Het wordt alleen maar erger.

Nu het doek gevallen is over de affaire van het niet doorsturen van in totaal zes informatierapporten kan ik alleen maar het volgende besluiten:

**"Personen op sleutelposities in Mechelen deden bewust zaken die niet te verantwoorden waren in een periode dat het land in nood verkeerde!"**

Ik weet dat dit harde woorden zijn, ja, zeer harde woorden , maar ze zijn niets dan de waarheid en ik neem ze nooit terug, zelfs geen letter.

## GEMISTE KANS

Na de aanslagen op Zaventem en Maalbeek worstelde een groot deel van de islamitische gemeenschap met een sterk schuldgevoel. De verschrikkelijk feiten werden gepleegd door creaturen die het islamitische geloof misbruikten om hun wandaden te rechtvaardigen.

In de periode na de aanslagen werd dit trauma dan nog versterkt door de verhalen over zogenaamde "dansende moslims ".

Ik wil even twee voorbeelden van reacties op aanslagen vergelijken namelijk:

deze van Charlotteville in de Verenigde Staten in 2017 en deze van Christchurch in Nieuw-Zeeland. De reactie van de Amerikaanse leider kunnen we omschrijven als arrogant, niet intelligent. Zelfs de stoïcijnse echtgenote van de president kon zich niet vinden in zijn reactie en liet openbaar haar afkeuring blijken ...

Hoe krachtig, empathisch, doordacht en waardig reageerde Jacinda Ardern, de Nieuw-Zeelandse premier op de bloedige aanslagen in haar land naar de bevolking toe. De moslimgemeenschap daar werd gerespecteerd en terecht ook aanzien als slachtoffer.

Als we deze twee wijzen van reageren op aanslagen vergelijken, lijkt ons overduidelijk welke de goede werkwijze is. We willen deze vergelijking nu ook even doortrekken naar onze reactie op de aanslagen in Zaventem en Maalbeek.

In ons land reageerde men zeker niet zoals de verantwoordelijken in de Verenigde Staten, gelukkig maar zou ik zeggen. Maar we hadden beter kunnen doen.

De zogenaamde jubelende groep jongeren was een marginaal stukje van de moslimgemeenschap. Het overgrote deel van de moslims die ik in Brussel en Mechelen ontmoette, waren even ontdaan van de gruwelijke feiten als iedereen. Misschien zelfs nog meer, daar in naam van hun godsdienst misdaden werden gepleegd.

Ik wil hiermee zeker niet zeggen dat we het signaal van de marginale jubelende jongeren[82] moesten negeren. Welnee in tegendeel, ze moeten uiterst goed opgevolgd worden en waar nodig moest er onmiddellijk deskundig ingegrepen worden.

Had de parlementaire onderzoekscommissie geen initiatieven moeten nemen om een sterk globaal plan te maken, waarin de moslims als gelijkwaardige partners betrokken werden? Men had ze in de aanpak van het moslimextremisme als gelijkwaardige partner moeten benaderen. Op deze manier zou men een sterk signaal getoond hebben naar de extremisten. Het zou een mooi voorbeeld geweest zijn van empowerment.

Er werd een zogenaamd Kanaalplan uitgewerkt door de onderzoekscommissie; een goed doordacht antwoord op de terro-gruwel?

Wel, ik durf eraan te twijfelen! Om deze twijfel te duiden moeten we iets dieper ingaan op de materie.

---

82 *Later in dit boek zal blijken dat individuen behorend tot deze groep, een medewerker een verrader van het geloof noemden.*

# HET KANAALPLAN

Het federaal actieplan tegen extremisme met als titel het Kanaalplan bestaat uit vier luiken, met name het politionele, het justitiële, het bestuurlijke en een preventief luik.

Het Kanaalplan geldt in hoofdzaak voor de volgende politiezones: Brussel-Hoofdstad-Elsene (Laken) Brussel-West (Sint Jans Molenbeek-Koekelberg) Brussel-Noord (Schaerbeek, Sint Joost-ten Node), Brussel Zuid (Anderlecht, Sint Gillis) en Vilvoorde-Machelen (Vima).

In hoofdzaak zijn het repressieve maatregelen, die naar mijn bescheiden mening voor meer segregatie en relatieve deprivatie zorgen[83]. Hopelijk werkt het zogenaamde Kanaalplan niet omgekeerd op langere termijn.

Nergens in het politioneel luik kon ik duidelijke initiatieven tot partnerships vinden met mensen met buitenlandse roots.

Zijn moslims niet de beste partners in de strijd tegen extremisme en radicalisme binnen de islam? Dat betekent dat wij ons moeten 'wapenen' met kennis van deze godsdienst en de Arabische taal. Kennis betekent macht. In het plan vind ik geen duidelijken initiatieven op dit vlak.

Het beleid spitst zich voornamelijk toe op de Brusselse regio, waar sterk wordt op gefocust.

Radicalisme is geen fenomeen dat alleen in Brussel zich voordoet, maar over gans ons land, buiten de Brusselse regio is er zeker ook radicalisme in Antwerpen, Maas Mechelen, Zuidwest Vlaanderen, Luik en Mechelen.

---

83 *Relatieve deprivatie is een fenomeen waarbij groepen mensen zich achtergesteld voelen ten opzichte van andere mensen, ze zijn hierover kwaad tot woedend. (Zie trapmodel van Moghadan). Het is een ideale voedingsbodem van radicalisme.*

# EVALUATIE OP POLITIONEEL LUIK VAN HET KANAALPLAN

Goed begonnen is half gewonnen geldt zeker niet voor de start van het Kanaalplan.

Zo zijn er een aantal opmerkingen:

1. Bij de opstart kreeg men te maken met een stakingsaanzegging van de politievakbonden. Ze protesteerden tegen het feit dat een groep politiemensen van de Federale politie plots werden gedetacheerd naar de lokale politie van Sint-Jans-Molenbeek en Vilvoorde, zonder dat de mensen dit wisten of enige inspraak zouden gehad hebben.
Vanuit het beleid wou men snel een antwoord bieden op de problemen. Om het plan te laten slagen is het wel essentieel dat de mensen die het moeten uitvoeren gemotiveerd en goed opgeleid zijn. Dit was en is naar mijn bescheiden mening niet het geval. Om te slagen is dit zelfs een conditio sine qua non.
2. Uit onze bevragingen bleek dat bij alle lokale politiezones klachten waren op het vlak van de toegezegde versterkingen, die niet werden nagekomen.
3. Er werden geen partnerships (op politioneel vlak) afgesloten met de lokale gemeenschappen.
4. Bij de evaluatie van het plan op 01 augustus 2018 verscheen in de pers dat men dankzij de toepassing van het Kanaalplan was overgegaan tot de ambtshalve schrapping[84] van 8000 personen. Dit lijkt me toch wel vreemd. Indien men over een goed uitgebouwde wijkwerking beschikt zou zulk een achterstand niet mogen.

---

84 Betreft schrappingen uit het bevolking-of vreemdelingenregister. Dit wordt gedaan wanner men niet effectief op zijn adres verblijft.

Het is essentieel dat de overheid weet wie op haar grondgebied verblijft.

5. Vanuit de politie (op geen enkel niveau) werkt men extern georiënteerd[85] in het Kanaalplan.

De politie staat als het ware tegenover de gemeenschappen binnen de Kanaalzone in plaats van tussen de gemeenschappen. Wanneer de politie in de gemeenschappen zou staan, kwam men te weten wat er binnen de gemeenschappen leefde.

Men zou dan veel beter kunnen werken aan de veiligheid, de leefbaarheid en men kon snel in een vroeg stadium ingrijpen om fenomenen zoals radicalisme te bestrijden.

We willen naar deze werkwijze uitdrukkelijk verwijzen, wanneer de werking van de cel Vreemdelingen in dit boek wordt beschreven.

Een schoolvoorbeeld van het niet efficiënt werken van het Kanaalplan waren de rellen in Brussel naar aanleiding van de kwalificatie van Marokko voor het WK in 2017. Had men toen tussen de gemeenschappen gestaan, had men voorafgaandelijk informatie gehad van mogelijke moeilijkheden en was men voorbereid geweest. Nu stond de politie (zowel lokaal als federaal) en de bestuurlijke macht met de billen bloot met catastrofale gevolgen.

Uiteraard zijn er zeker ook pluspunten:

1. Een betere uitwisseling van de informatiestromen tussen de zones in het Brusselse en de inlichtingendiensten. Concrete gegevens hierover werden me niet verstrekt
2. De opvolging van de zogenaamde foreign fighters zou nauwgezet gebeuren. Maar men had klachten dat de controle zeer arbeidsintensief zijn. Deze controles zouden op het

---

85 Externe oriëntatie is één van de vijf pijlers van community policing.

vlak van inzet personeel kunnen omschreven worden als een achilleshiel.

Dit probleem zou zeer acuut kunnen worden wanneer er foreign fighters worden gerepatrieerd. Dit heeft men als politie niet in de hand, maar men moet wel het werk doen.

3. De multidisciplinaire aanpak van de criminaliteitsfenomenen leverde resultaten op.

Bij dit laatste item moeten we toch wel opmerken dat enkel de repressieve politionele aanpak kan leiden tot nog een verdere segregatie tussen de politie en de gemeenschappen. De dienstverlenende factor van de politie moet ook versterkt worden.

Er zouden indien nodig goede contacten en samenwerkingen zijn met de inlichtingendiensten. Indien nodig zou er multidisciplinair kunnen worden opgetreden.

De criminaliteitsfenomenen die radicalisme kunnen ondersteunen werden ook streng aangepakt (drugs, wapens, documentenfraude, enzovoorts)

## PARLEMENTAIRE
## OPVOLGINGSCOMMISSIE

Bij het verschijnen van het verslag van de parlementaire onderzoekscommissie werd gemeld dat er een opvolgingscommissie in het leven zou geroepen worden om de implementatie van de voorstellen op te volgen.

Dat was volgens mijn bescheiden mening een zeer interessante tool om de politie- en inlichtingendiensten op te volgen, qua werking op het vlak van terrorisme.

Men zou dan disfuncties redelijk snel kunnen detecteren en bijsturen.

Toen ik in het kader van dit boek informeerde naar de eventuele bijeenkomsten van de opvolgingscommissie van de aanslagen in Zaventem en Maalbeek bleef alles oorverdovend stil ... Geen antwoord, merkwaardig.

Toch wel zeer merkwaardig, ik vroeg niet naar de eventuele disfuncties, neen, gewoon of dat de opvolgingscommissie was samengekomen.

Dikwijls zegt men dat geen antwoord een zeer duidelijk antwoord is.

Ik ben benieuwd of de burgerlijke partijen hetzelfde antwoord zullen krijgen als ze de vraag stellen. Ik vermoed van niet, dus misschien krijgen we dan ook toch een antwoord in uitgesteld relais. Beter laat dan nooit zou ik zeggen.

# X

# DE ZAAK DREYFUS[86]
## ANNO 2016

Laat ons beginnen bij het begin en laten we inspecteur Hamid zijn persoonlijke diaspora vertellen.

Onderhavige tekst werd geschreven voor het project Rodin y pensait, Malines le fait. Hamid beschrijft hierin zijn vertrek uit zijn vaderland op zoek naar het geluk.

## I HAVE A DREAM ...

Segangan, een klein Marokkaans dorpje op enkele kilometers van de Spaanse enclave Melilla[87], daar ben ik geboren en getogen tot mijn 18e jaar.

Ik heb drie broers en vier zussen, mijn vader was handelaar, imam en politicus.

Ons gezin behoorde tot de betere klasse van de Marokkaanse samenleving.

---

86  Alfred Dreyfus was een Frans officier die door enkele van zijn oversten valse werd beschuldig, hun motief was antisemitisme. De man was van joodse afkomst. Dankzij een artikel met de titel' J'accuse' in de krant L'Aurore werd de zaak wereldberoemd. De schrijver van het artikel was de Franse schrijver Emie Zola ... Dankzij het artikel kwam de zaak in de actualiteit en kreeg de verbannen Dreyfus gratie. De zaak vn inspecteur Hamid gerust vergelijken met de oorspronkelijke casus.

87  Melilla is recent nog in het nieuws geweest als plaats waar jonge hopeloze Afrikanen de draadafsluitingen 's nachts massaal bestormden en alzo poogden Europa binnen te dringen om een betere toekomst op te bouwen...

We mochten van vader allen studeren, met we bedoel ik natuurlijk de jongens, sorry meisjes, maar toentertijd was er nog geen emancipatie.

Ik was, al zeg ik het zelf, een goede student in literatuur, theologie en talen. (Frans, Engels, Arabisch en Spaans)

Sinds mijn puberteit had ik een grote droom; ik zou een welvarend leven uitbouwen in het welvarend Australië, Canada of West-Europa, daar was het gras veel mooier, veel groener en veel malser, droomde ik ...

Vrienden, generatiegenoten, haalden hun licentie, baccalaureaat, maar liepen verloren in een omgeving, een land waar hun dromen geen schijn van kans kregen. Waar kan je je nestelen en een prachtig nest bouwen, zorgen voor een goede toekomst voor je gezin, voor jezelf?

Eén voor één zag ik ze vetrekken, mijn vrienden, het grote leven tegemoet, het werd voor mij een obsessie. Ik zou vertrekken, ik zou overwinnen, ik zou slagen ...

Voorbereiding van mijn vertrek.

In de zomer van 1988 begon de Marokkaanse regering met de geldinzameling voor de aanleg van de grootste moskee ter wereld. Deze moskee zou in de buurt van Casablanca gebouwd worden Elk gezin moest een bijdrage leveren om de bouw van de moskee te financieren.

Wij, Berbers, in het noorden van Marokko waren nooit beste vrienden van het establishment in Rabbat, we betaalden ons blauw en wat kregen we in de plaats ... een reispas[88].

Bij ons in België is een reispas een doodgewoon document dat je bij het gemeentebestuur gaat afhalen.

In veel derdewereldlanden is dit niet zomaar "iets", neen, het is iets heel bijzonders, dat voorbehouden was en is voor de betere klasse.

---

88 (On)bewust creëerde de regering van Hassen II een emigratie van het lastige Berbervolk

Mijn lieve vader betaalde het equivalent van 700 euro voor een brandnieuw paspoort.

Na meer dan vijftig uur wachten in de rij voor het provinciehuis had ik "my ticket to my dream" te pakken ...

Ik was die dag onbeschrijflijk blij.

Thuis was mijn zieke vader droevig om mijn naderend vertrek. Eénmaal heeft hij geprobeerd me te stoppen, tevergeefs, jong en geestdriftig als ik was.

Ik kon niet weten dat ons afscheid definitief was, twee jaar later op 28.07.1990 stierf hij zonder dat ik afscheid had kunnen nemen.[89]

## 9 AUGUSTUS 1988

Vanuit het Berberse Nador vertrok ik als knaap van 18 jaar naar Tanger, om vandaar met een groep kennissen de grote oversteek per boot aan te vangen.

We bleven vijf dagen in Tanger en vertrokken dan per boot. Voor het eerst in mijn leven verliet ik mijn vaderland. Na enkele uren varen kwam ik aan in Spanje, het land waar wij Berbers zoveel gemeen mee hadden, taal, cultuur, eten ...

Eindelijk zou mijn donkere verleden veranderen, ik was op weg naar een schitterend verlichte toekomst. I could touch the sun ...

Zuid-Spanje verschillende niet veel van mijn thuis, mijn land, ik zag er armoede op straat. Maar niet getreurd of gezeurd, verder met de autobus naar het noorden naar de beschaving: Barcelona, Gerona en de Costa Brava.

---

89 Wanneer ik door mijn moeder telefonisch van het overlijden van vader in kennis werd gesteld, ben ik onmiddellijk teruggekeerd en heb op het kerkhof een grafzerk laten bouwen, dit tegen alle islamitische geloofsregels in. Ik wou mijn vader een laatste eer bewijzen en dacht het op deze manier te doen.

Op het eerste gezicht prachtige steden, magische landschappen en wondermooie stranden en ... vrouwen. Aanvankelijk dacht ik dat alle mensen rijk, mooi en gecultiveerd waren. Algauw kwam ik erachter dat niet alles maneschijn en rozengeur was.

Mijn karige spaarcentjes verdwenen als sneeuw voor de zon, dus werken geblazen. Ik werkte twaalf uur per dag in de wijnteelt, ik plukte als losse arbeider druiven. Ik diende een kamertje te huren, dus ik moest een inkomen hebben. Na de seizoenarbeid moest ik naar ander werk uitzien en snel, want huisbazen wachten niet op hun huur. Ik vond werk in de bouwsector, brak vloeren uit, hielp bij het renoveren van toeristenverblijven. Op mijn handen kreeg ik op korte tijd een ruwe eeltlaag. De ruwheid van mijn handen was een spiegelbeeld van mijn bestaan.

Met het weinige geld dat ik soms overhield, kocht ik af en toe wat Franstalige, Engelse en Spaanse tijdschriften, kwestie mijn talen te onderhouden.

Ik, opgeleide jongeman, leidde nu een arbeidersbestaan en voerde the struggle for life op de scherp van de snee. Ik had de gevleugelde woorden van John Lennon *"a working class hero it's something to be"* aan den lijve ondervonden, en het was toch niet dat wat ik echt zocht.

Perpignan, Carcassonne, Toulouse, Montpellier, Parijs, Rijsel ...

Ik had mijn geliefde Segangan toch niet verlaten om een ruw bestaan op te bouwen, wel integendeel, dus noordwaarts op naar andere en betere oorden. Ik verbleef in alle opgesomde steden soms kort, zeer kort, soms iets langer. Ik kwam overal landgenoten tegen, we hadden allen één gemeenschappelijk doel: een betere toekomst opbouwen. Ik zag er niet veel die echt slaagden, wel zag ik veel jongeren de 'verkeerde weg' kiezen. Ik heb er in al die jaren **geen** gekend die blijvend geslaagd was op het pad van de misdaad. Meer woorden wil ik er niet aan verspillen, geloof me: het **loont niet!!!**

In geen van de opgesomde steden vond ik mijn droom, ik begon te twijfelen, zou het kunnen dat dromen bedrog zijn of erger nog: niet bestaan? De twijfel kreeg me te pakken.

De lichtstad Parijs was in zijn groots verleden toch reeds een goede voedingsbodem geweest voor jonge, gemotiveerde gelukszoekers zoals ik, dus zeker proberen. Buiten een baantje als kelner, keukenhulpje of afwasser kon ik geen job krijgen.

In de banlieux was het leven moeilijk en uitzichtloos voor een jonge gelukzoeker, hoe gemotiveerd ook.

Ik begrijp de recent revolterende jongeren in het noorden van Frankrijk, hun onmacht, frustraties en vernedering. Maar de wijze van reageren kan ik uiteraard niet goedkeuren.

## Amsterdam ...

Tijdens mijn Franse periode kwam ik nog oude vrienden tegen, één van hen studeerde aan de universiteit van Amsterdam en was vol lof over Nederland. Dus, met de weinige centen die ik nog bezat ging ik naar Nederland, naar de 'vrijhaven Amsterdam'.

Ik trok op met mijn vrienden daar, tot op heden zijn ze nog vrienden gebleven, dat is al wat me momenteel van Nederland nog rest.

## België

'k Heb getwijfeld over België[90]
Omdat iedereen daar lacht
'k Heb getwijfeld over België
Want dat taaltje is zo zacht
Het is er niet te druk, te nat,
het gaat er niet te goed,
het is er niet te benauwd ...

---

90 liedje gezongen door de Nederlandse groep Het Goede doel in 1983

Hoe zou ik, oud-Marokkaan, mijn keuze voor België aan jullie Belgen kunnen verwoorden? Wel, met een mooi sfeerliedje gemaakt door Hollanders over België.

In oktober 1989 kwam ik hier aan, weer eenzelfde leven; talrijke losse baantjes, als losse werkkracht. Ik werkte als kelner in een restaurant en verdiende redelijk mijn kost.

## VLAAMSE STOVERIJ

In mijn prille beginperiode slip ik op een bank ik het stadspark van een provinciestadje, waar ik nu nog woon.[91] Na enkele nachtjes in de buitenlucht, en als slachtoffer van een diefstal ben ik stiekem naar een garagebox van mijn werkgever verhuisd. Het was er niet goed, maar beter dan de open lucht. Mijn werkgever die van niets wist, betrapte me op een dag en stond me toe te blijven logeren tot ik iets beters gevonden had, waarvoor ik hem dankbaar was. Ik mocht meer overuren presteren om een goede woonst te vinden.

In mijn garageperiode bestond mijn enige warme maaltijd uit een portie Vlaamse stoverij met fritten aan de plaatselijke frituur.

Gelukkig kon ik me na korte tijd een kamer veroorloven en sedertdien is mijn verblijf in België enkel maar in stijgende lijn gegaan.

Ik, de talenknobbel, had terug een beetje tijd om te studeren en toegegeven: Nederlands is een behoorlijk moeilijke taal, vooral de spraakkunst is soms moeilijk met al zijn regeltjes.

Ik volgde een cursus taal bij de R.V.A. om het Nederlands onder de knie te krijgen.

In 1997 kreeg ik mijn Belgische nationaliteit met alle voordelen van dien. Ik mocht dan ook nog gaan dienen bij de ABL.[92]

---

91 Ik wens de naam van het provinciestadje niet te vernoemen omdat ik er nu nog woon samen met mijn gezin en ik er rustig wil blijven wonen.
92 ABL is de afkorting van Armee Belge Belgisch leger

En ik heb mijn dienst als milicien beëindigd bij één van de laatste lichtingen.

## DE FLIKKEN

Geleidelijk aan kon ik me opnieuw met mijn studies bezighouden en ik legde mijn eerste examen voor de quaestuur van de senaat af. Ik beschouwde dit examen als een opwarming.

Mijn grote doel was agent worden. Ik slaagde niet bij mijn eerste toegangsproef, maar bij mijn tweede poging was het raak, ik was geslaagd als hulpagent. Na een opleiding van drie maand kon ik aan de slag in Mechelen. Ik was uiterst fier op mij lichtblauw uniform en voelde me toen de koning te rijk.

Twaalf jaar na het vertrek uit mijn geboortedorp had ik iets bereikt, waar ik fier kon op zijn.

Drie jaar later deed ik mee aan het examen voor inspecteur en slaagde in het toegangsexamen, vervolgens diende ik één jaar opleiding te volgen in Brussel.

Ik was dan bij de federale politie en kon dan terug naar Mechelen keren, waar ik terug kon beginnen werken, ditmaal als inspecteur.

Momenteel ben ik werkzaam als inspecteur bij de cel Vreemdelingen, mijn job bestaat in het voeren van onderzoeken naar schijnhuwelijken en mensenhandel.

Dankzij mijn linguïstieke vaardigheden was ik ook aangesteld als beëdigde tolk Arabisch (en Arabische dialecten) Berbers, Frans en Engels, dit bij de Rechtbank, van Mechelen, Dendermonde en Brussel.

Tot hier de korte beschrijving van de start van de politionele loopbaan van inspecteur Hamid A.( afkorting van familienaam )

## UITBOUW VAN DE LOOPBAAN
## BIJ DE MECHELSE POLITIE

Op een kort uitwijken naar de federale politie van Dendermonde na, bleef inspecteur H.A. steeds in Mechelen werken, meerbepaald bij de cel Vreemdelingen.

In die periode werd hij binnen en buiten de gemeenschap zeer gewaardeerd en betekende hij een grote meerwaarde voor Mechelen. Die meerwaarde was voor het lokaal bestuur, voor de lokale allochtone gemeenschap en ten slotte voor de lokale politie in het bijzonder.

Hamid vond hier ook de liefde van zijn leven in de persoon van Rahma. Het koppel huwde op een traditionele ... puur Vlaamse wijze. In de beginperiode van het huwelijk was ik misschien door omstandigheden een beetje een wali[93] voor hen beiden. Het huwelijk werd gezegend met vier kinderen; twee meisjes en twee jongens, een dubbele koningswens dus.

In die periode bouwde Hamid een schitterende carrière uit als politieman en als tolk.

Hij was een overbevraagde beëdigde tolk, zodanig zelfs dat we moesten ingrijpen en de talrijke tolkopdrachten afblokken, dit waar het wettelijke mogelijk was. Het tolken was een meer dan een voltijdse job geworden. De reden van het succes was het feit dat vernoemde inspecteur vloeiend vijf talen sprak en schreef, dit gecombineerd met zijn opleiding tot politie-inspecteur en zijn kennis van de Arabische cultuur.

In belangrijke onderzoeken op federaal vlak voerde Hamid tolkopdrachten uit, om redenen van veiligheids- en beroepsgeheim kunnen we spijtig niet verder op dit item ingaan. Wat we wel kunnen zeggen is dat het voor onze inspecteur een verrijking betrof op persoonlijk vlak en zeker ook voor de cel Vreemdelingen. Hamid bouwde door deze opdrachten expertise op,

---

93 Wali is Arabisch en betekent voogd.

waarvan we als cel dankbaar konden gebruik maken. De vraag naar tolken was toen groot.

Om aan de vraag te kunnen voldoen, konden we nog twee andere inspecteurs overhalen en een vrijwilligster van het project Al Kandil om hun beëdiging als tolk aan te vragen bij de rechtbank van eerste aanleg te Mechelen.

Men kan gerust stellen dat de inspecteur in de zone Mechelen op het vlak vertalingen van bijna onschatbare meerwaarde was.

## ONTSTAAN PROBLEMATIEK

Het spanningsveld tussen de korpsleiding en inspecteur H. werd gedurende enkele jaren opgebouwd. We gaan enkele significante voorbeelden geven hoe de moeilijkheden ontstonden.

In de loop van het jaar 2010 werd de echtgenote van inspecteur H. samen met hun zevenjarig dochtertje en een nichtje lastig gevallen op de parking van een warenhuis in Mechelen–Noord. Een zestiger stapte op het gezelschap toe, opende zijn lange jas en toonde zijn geslachtsdeel terwijl hij masturbeerde.

Behoorlijk geschrokken ging de echtgenote van H. naar haar voertuig samen met haar dochtertje en nichtje. Van daaruit verwittigde ze haar echtgenoot. We zaten toen samen in de dienstwagen toen haar melding binnenkwam. Op dat ogenblik konden we niets doen, gezien we ver buiten ons grondgebied waren met een dienstopdracht. Rahma gaf een nauwkeurige persoonsbeschrijving van de dader. De man had zich ook teruggetrokken in zijn kleine rode wagen waarvan we de nummerplaat doorgestuurd kregen. De verdachte bleef hen observeren en vertrok niet onmiddellijk met zijn voertuig.

Via de dispatching gaven we onmiddellijk opdracht een patrouille te sturen, met de melding dat de dader nog ter plaatse was. Uit nazicht via de nummerplaat bleek dat de bestuurder gekend was voor feiten van exhibitionisme.

De verdachte was dus vermoedelijk een recidivist.

Inspecteur H. voerde op dat ogenblik samen met mij een opdracht uit in de buurt van Brussel.

Wanneer er na een kwartiertje geïnformeerd werd hoe de vaststellingen verlopen waren, kregen we als antwoord dat iedereen vertrokken was en er geen vaststellingen meer konden gebeuren.

Na een telefoontje naar Rahma vernamen we dat ze nog steeds ter plaatse was en niemand van de politie gezien had. Ontgoocheld verliet ze de plaats van de feiten, de verdachte was ondertussen vertrokken. Er was niets gedaan, noch naar de dader noch naar het slachtoffer.

Op het commissariaat konden we effectief vaststellen dat er niets gebeurd was, ook niet ambtshalve. Inspecteur H. was door het gebrek aan beroepsernst en collegialiteit ontdaan en stuurde een interne mail naar de vaststellers waarin hij zich afvroeg of hun onprofessionele houding te wijten was aan de huidskleur van zijn familie. Amper één uur na het versturen van de mail stormde het diensthoofd van de patrouille mijn bureel binnen met de melding dat zijn mensen beschuldigd werden van racisme. Op de eenvoudige vraag hoe het feit dan moest omschreven worden, antwoordde de man niet. Hij vertrok even woest als hij gekomen was met de melding dat hier nog wel een staartje zou aan komen.

Er werd een uitgebreid rapport opgesteld van het voorval, met melding van de disfuncties. Enkele dagen later stond ik samen met mijn collega op het kabinet van de korpsleiding om ons te verantwoorden voor de valse beschuldigingen van racisme. Over de disfunctie van de vaststellers geen kwaad woord. Aan de korpsleiding werd gevraagd hoe hij zou reageren, mochten zijn echtgenote en kinderen op eenzelfde wijze behandeld zijn geweest. Op de vraag kwam geen antwoord, we dienden onmiddellijk het kabinet te verlaten.

Inspecteur H. trok onder sterke interne druk zijn woorden terug en verontschuldigde zich.

De patrouille die gelast werd vaststellingen te verrichten heeft dit nooit gedaan.

Een politieman met het hart op de juiste plaats stelde enkele dagen later ambtshalve proces-verbaal op en de verdachte verscheen voor de Correctionele Rechtbank in Mechelen ...

In 2014 getuigden enkele agenten van het Antwerps politiekorps in de pers dat er racisme was binnen het korps.

Inspecteur H. ontving in die periode een sms-bericht van de korpsleiding met de vraag 'spontaan' 'in de pers te getuigen dat er in het Mechels korps geen racisme was. In het bericht stond de naam en het telefoonnummer van de journalist die moest gecontacteerd worden voor het 'spontane' interview.

Inspecteur H. meldde me de feiten en vroeg raad. Ik raadde hem aan niets te doen en te wachten. Ik zou samen met hem de zaak opvolgen, mocht er nog een vraag komen. Na een week kreeg hij een tweede sms-bericht met de vraag waarom er nog geen contact was genomen.

Inspecteur H. heeft dan in mijn bijzijn contact opgenomen met de journalist, het was een moeilijk gesprek. De journalist beëindigde snel het gesprek met de melding dat hij later zou terugbellen. Dit is nooit gebeurd en het 'spontane' artikel kwam er nooit. De sms-berichten werden zorgvuldig bewaard. Later zou de korpschef verklaren over het feit, dat hij in opdracht van de bestuurlijke overheid had gehandeld.

*Eind 2014 ontstonden er moeilijkheden binnen de gemeenschap van de Al Buraq-moskee.*

*Een groep jonge intellectuelen was niet meer akkoord met de wijze van besturen. Hierdoor ontstonden binnen de gemeenschap zware spanningen. Een persartikel tegen de wijze van besturen van het moskeebestuur was de grond voor een klacht door de toenmalige voorzitter. Hij wendde zich zoals gewoonlijk tot de korpschef met zijn klacht. Die stuurde hem door naar de cel Vreemdelingen voor het acteren en onderzoeken van de klacht. Door de cel werd inzake proces-verbaal[94] opgesteld.*

---

94 Proces-verbaal nummer Me.21 L1.13394/ 2014 gericht aan het Ambt van de Procureur des Konings te Mechelen

*Op het speciaal in het leven geroepen overlegforum hieromtrent zou de opsporingsbrigade het onderzoek doen bij de groep intellectuelen. We hebben nooit kunnen vaststellen dat er door hen enig proces-verbaal werd opgesteld inzake. Op het overleg vernam ik steeds dat er 'gepraat' werd met de jongeren. De spanningen werden nog ten top gedreven door het feit dat het stadsbestuur de gemeentetaks opdreef op het slachten tijdens het offerfeest. Op aandringen van het moskeebestuur van de Al Buraq-moskee werd er opgeroepen tot een boycot van het slachten in Mechelen. Deze boycot haalde de nationale pers.*

*Inspecteur H. en ikzelf werden verweten partij te kiezen voor het moskeebestuur.*

*Ik kan hierover het volgende zeggen, aangaande elke onderzoeksdaad werd een proces-verbaal opgesteld dat gericht was aan het parket van Mechelen.*

## DE DROPPING VAN DE 'VERLICHTE' MANAGER

*Midden in 2013 werd een hoofdcommissaris van de federale politie geparachuteerd in de politiezone Mechelen-Willebroek. Hij was de man van het keihard 'verlicht management', ondersteund door een slimme databank. Hij zou het radicalisme hard aanpakken. Zijn visie was wet, daar kon door niemand aan getwijfeld worden. Expertise was ondergeschikt, zijn beleid was gestoeld op pure macht. De man was de denker; de rest waren uitvoerders die enkel opdrachten uitvoerden, denken was niet voor zijn ondergeschikten.*

*Als ik of inspecteur Hamid A. het waagden om ons te beroepen op onze jarenlange expertise of verwezen naar het uitgebouwde netwerk met de Maghreb-gemeenschap was het hommeles.*

*We kregen de volle laag, en werden in een vorm van isolement geplaatst. Voor de inspecteur ging men nog een stapje verder. Hij kreeg formeel verbod om nog te praten met de voorzitter van de moskeeraad of leden van de moskeeraad, tenzij hij voorafgaandelijk de* toestemming vroeg en kreeg. Als hij met mensen van Marokkaanse origine een gesprek voerde, moest hij hierover een schriftelijk rapport opstellen: met wie hij sprak, waarover, waar, wanneer en waarom. De rapporten moesten in een afzonderlijk, verouderd onderdeel van een databank gestoken worden.

Ik diende ook deze tool te gebruiken, verder niemand van gans het korps.

De officier-manager controleerde dagelijks onze eventuele meldingen.

Wanneer hij dacht ons te betrappen, diende we schriftelijk verantwoording af te leggen, waarom we zijn richtlijnen genegeerd hadden.

Zo werd inspecteur H. op straat aangesproken door een Marokkaanse man met een lange baard en drager van zogenaamde 'Afghanistan' kledij, het betrof een kort beleefdheidsgesprek. Daags nadien was het hommeles, de bevelen waren volkomen genegeerd! Geen rapport van het gesprek met zijn "w-vragen[95]" en alleen gesproken.

Waarom deze draconische maatregelen? De korpsleiding realiseerde zich plots zelf nooit enige moeite gedaan te hebben om goede en vertrouwelijke contacten te hebben uitgebouwd met de Mechelse Maghreb-gemeenschap. Men zou nu het heft in eigen handen nemen. Via de parachutist, dacht men zich in de markt te zetten. Wederzijds respect, vertrouwen, verbinden, kennis van de gemeenschap, dat was iets voor softies, die te dicht bij de gemeenschap stonden.

Inspecteur H. en ikzelf waren de kop van jut, ook al hadden we een hoge politionele veiligheidsmachtiging als leden van het arrondissementeel overleg inzake radicalisme en zeker ook als leden van de federale cel Syrië[96]. Deze machtiging wordt enkel verleend na een uitgebreid en grondig onderzoek door de federale overheid.

We werden direct geweerd uit alle overlegfora. Sommige plaatsvervangers waren wettelijk niet gemachtigd om de vergaderingen bij te wonen gezien ze niet in het bezit waren van de nodige machtigingen.

---

95 w-vragen: wie, waarom, waarover, wanneer en waar.
96 De Syrië-commissie werd in het leven geroepen in april 2013 door de toenmalige minister van Buitenlandse zaken J. Milquet

*Inspecteur H.A. mocht ook geen opdrachten meer alleen uitvoeren. Hij diende steeds vergezeld te zijn van een collega. Deze beslissing was ronduit absurd en niet werkbaar in de praktijk. Er werd gepoogd om het absurde van de regel uit te leggen.*

*Als reden voor deze maatregelen werd gesuggereerd dat inspecteur H. niet te vertrouwen was. Concreet werd men nooit; enkel suggestief. Er werd nooit een tuchtprocedure ten laste van hem ingesteld. Men kan gerust stellen: wegens gebrek aan feiten. Ook ondernam men geen stappen om de federale veiligheidsmachtiging in te trekken. Plots was de inspecteur onbetrouwbaar. Hij mocht wel verder werken, zij het onder toezicht, merkwaardig.*

Men kan zich de vraag stellen: waarom stelt men als leidinggevende geen tucht- of gerechtelijk dossier op als een medewerker onbetrouwbaar is?

Later stelde men de vraag waarom geen tuchtprocedure opgestart was met concrete feiten. Het antwoord luidde, men had eraan gedacht, maar gezien hij Mechelen verlaten had was het niet meer nodig ...

Zeer merkwaardig antwoord.

## ZIEKTEVERLOF EN VERTREKT UIT DE POLITIEZONE MEWI

Op het wekelijks overlegplatform dat op vrijdag doorging, werd de sfeer steeds denigrerend en ja, zelf hatelijk. Er werden opmerkingen gemaakt aan het adres van de cel Vreemdelingen en zeker aan het adres van inspecteur H.A. Rapporten werden niet meer opgemaakt. De oorzaak was onzekerheid en angst. Deze gevoelens werden nog versterkt door het feit dat men H.A. ging uitvragen over oude, door hem opgestelde rapporten.

Men legde hem verbod op om nog vrij contact te hebben met de mensen die hem respecteerden en waardeerden.

Ik zag dat mijn medewerker onder deze vorm van terreur het zeer moeilijk kreeg, men zou voor minder.

Inspecteur H. volgde in die periode een opleiding als lesgever in het Copra-project[97]

Met zijn grondige kennis van het Arabisch en de islam was hij de geknipte persoon om deze opleiding te volgen.

Hij zette zich met volle overgave in voor deze opleiding en was enthousiast.

Inspecteur H. slaagde met brio en de cursisten dienden proeflessen te geven en beoordelingen te geven over de wijze van lesgeven van medestudenten.

Deze proeflessen en beoordelingen gebeurden in andere politiezones. Aan de verantwoordelijken van het project Copra werd gevraagd voorafgaandelijk de personeelsdienst van de pz. Mewi in kennis te stellen welke en waar en wanneer de beoordelingen en proeflessen van inspecteur H betroffen. Deze handelswijze werd gehanteerd om het alleen optreden van inspecteur H te verantwoorden. Toen de eerste proeflessen gemeld werden aan de personeelsdienst in Mechelen ontving de verantwoordelijke van het Copra-project per sms-bericht meteen de melding dat inspecteur H. niet meer mocht deelnemen aan de proeflessen ... Afzender van dit bericht: de korpschef. Laatstgenoemde zijn sms-berichten zijn berucht en beroemd.

Dankzij deze handelswijze werd de inspecteur uit het project weggepest.

Hij zou trouwens nooit de opleiding tot snelle detectie van radicalisme in Mechelen mogen geven. Men stelde de opleiding voor het basis– en middenkader meer dan anderhalf jaar uit.

Na de opeenvolgende feitenkwesties kon inspecteur H. de psychische druk niet meer aan.

---

97 Het copra-project werd opgestart door de E.U. onder Belgische voorzitterschap om politiemensen de mogelijkheid te bieden radicalisme in de beginfase ter herkennen.

Op mijn aanraden consulteerde hij een psycholoog-psychiater en de bedrijfsarts.

Beiden diagnosticeerden een oorzakelijk verband tussen ziektebeeld en de pesterijen op het werk.

## KANDIDATUUR BIJ
## DE FEDERALE CEL TERRO

Begeleid door de psycholoog zocht inspecteur H. naar een uitweg uit deze malaise.

Hij dacht een oplossing gevonden te hebben door zich kandidaat te stellen voor een openstaande betrekking bij de federale cel Terrorisme. Door deze mogelijke mutatie kon de periode in Mechelen afgesloten worden, dacht inspecteur H.

En effectief op 18 maart 2015 ontving hij het bericht dat hij vanaf 23 maart 2015 voor onbepaalde tijd werd afgedeeld naar de federale cel Terrorisme.

Inzake deze beslissing werd tijdelijk een nota opgesteld met het uitgiftenummer DGR.DRP-P/mob&det 9558 gedateerd op 18 maart 2015. Deze nota werd verspreid naar de verschillende politiediensten die het aanbelangden, waaronder de pz. Mechelen.

Opmerkelijk is dat er zogenaamd op 18.03.2015 een nieuwe nota werd opgesteld waarin de aanstelling werd herroepen ... bijzonder is het volgnummer van deze tweede nota, namelijk DGR.DRP-P/mob&det 10.859. Met andere woorden: men stelde die dag meer dan 1301 nota's op. Wie zegt er hier dat de politie niet hard werkt, of aarzelde men hier niet te anti-dateren!

Op 20 maart 2015 mocht inspecteur H. een telefoontje ontvangen van het toenmalige hoofd van de federale cel Terro met de boodschap dat hij toch niet welkom was. Tijdens het telefoongesprek werd medegedeeld dat vanuit Mechelen gemeld was dat hij niet betrouwbaar was en men daarom van zijn detachering afzag.

Dat deze gang van zaken merkwaardig was, zeer merkwaardig, hoeft niet gezegd te worden.

Niet akkoord zijnde met deze gang van zaken stapte H.A. naar de Raad van State met de vraag om deze beslissing te vernietigen. De eerbiedwaardige Raad verklaarde de klacht ontvankelijk. Het latere arrest was overduidelijk, zoals je kan lezen:

"Bij arrest van 7 oktober 2015 vernietigde de Raad van State de bestreden beslissing. Het arrest doet dat onder meer op de volgende gronden:

*« In de regel zijn mutaties, dienstaanwijzingen en wijzigingen van de taken van een ambtenaar die uitsluitend betrekking hebben op de organisatie en de werking van de dienst, maatregelen van inwendige orde waarvan de beoordeling van de opportuniteit en de doelmatigheid tot de vrije appreciatiebevoegdheid van de overheid behoren. Zij kunnen in beginsel dan ook niet door de betrokken ambtenaar met een annulatieberoep worden bestreden.*

*Anders is het evenwel wanneer deze maatregelen de rechtstoestand van de betrokken ambtenaar nadelig raken of indien zij een ernstige nadelige weerslag hebben op de wijze waarop die ambtenaar zijn functie moet uitoefenen dan wel op een grievende wijze de situatie wijzigen waarin hij zijn functie moet vervullen, of genomen zijn op grond van diens gedrag. »*

...

*« Niet wordt betwist dat deze detachering ertoe strekt een oplossing te bieden aan de bestaande werksituatie van verzoeker die zich – zoals dit wordt bevestigd door de overgelegde medische attesten waaronder dit van de preventieadviseur- arbeidsgeneesheer – kenmerkt door het feit dat luidens deze attesten verzoeker "om medische redenen niet langer tewerkgesteld [kan] worden in de politiezone Mechelen-Willebroek" »*

*« De bestreden beslissing bevat geen formele motivering. Verzoeker kon derhalve als bestemmeling van de bestreden beslissing, niet onmiddellijk kennisnemen van de motieven die de beslissing verantwoorden door de vermelding ervan in de bestreden beslissing zelf. "*

De beslissing tot intrekking was vernietigd, maar wat nu?

Opnieuw zijn kandidatuur indienen voor deze vacature had totaal geen zin, omdat de plaats reeds was ingevuld.

Het arrest was in huidig stadium een pyrrusoverwinning, zij het toch een nuttige.

Sedert zijn vertrek uit de politiezone Mechelen was H.A. ingedeeld bij het zogenaamde GRG (reservegroep) Hij was toen in ziekteverlof.

## HET VERNEMEN VAN MISSCHIEN WEL CRUCIALE INFO

Op vrijdag 13 november 2015 barstte de hel los in de Franse lichtstad, met de aanslagen op de Bataclan en aan het Stade de France.

Van zodra de stofwolken en kruitdampen van deze laffe aangeslagen opgetrokken waren, bleek onmiddellijk dat de daders sterke bindingen met ons land hadden.

Sint Jans Molenbeek bleek een uitvalsbasis te zijn geweest voor een deel van de laffe daders.

De pz. Mechelen had op dat ogenblik een samenwerkingsovereenkomst gesloten met de lokale politie van Sint Jans Molenbeek om informatie uit te wisselen inzake radicalisme. Wanneer Sint Jans Molenbeek de naam kreeg van hellegat, zwijgt men moedig in Mechelen ...

Korte tijd na de feiten in Parijs was het bijna hommeles in ons land. De federale politie kon in Verviers na een geslaagde actie twee terroristen uitschakelen. Het dreigingsniveau werd in ons land opgetrokken naar niveau 4.

In het weekend van 21 op 22 november 2015 werd ik gecontacteerd door inspecteur H. met de melding dat hij mogelijk nuttige informatie had over de daders van de Parijse aanslagen en andere bruikbare inlichtingen.

H.A. was toen nog steeds in ziekteverlof en voorlopig afgedeeld bij de GRG en kon de informatie via deze weg niet melden. Hij verzocht mij als zijn voormalig diensthoofd de nodige inforapporten op te maken en te versturen. Hij vond het zijn burgerplicht de feiten te melden. We spraken een werkwijze af, ik zou de rapporten opstellen en versturen. Om correct te handelen, voerde ik Hamid A. op als melder (mijn bron).

Uiteraard werd door inspecteur Hamid A. het absurde regeltje van altijd met twee te zijn niet nageleefd en werd de tipgever ook niet vereenzelvigd, dit was niet werkbaar. Hoe werd de info bekomen, zal men zich afvragen? Wel, een korte uiteenzetting zal dit duidelijk maken. Na de aanslagen en de duidelijke linken naar Sint Jans Molenbeek, was de betrokkenheid van mensen uit Sint Jans Molenbeek daar de talk of de town. Binnen de Maghreb-gemeenschap kwamen de tongen los.

*De aangeleverde informatie was zeer waardevol, we kunnen niet dieper ingaan op hoe de zachte informatie effectief bekomen werd, zonder mensen in gevaar te brengen. Sleutelwoorden in het bekomen van de informatie waren wederzijds respect en vertrouwen ... We beschouwden het beiden als onze morele en professionele plicht om de informatie snel te verwerken.*

*De informatie werd verwerkt in vier informatierapporten*[98]*.*

*Op 23 november werd aan hoofdinspecteur Tom D. gevraagd dringend de zachte info te versturen. Tom D. deed dit plichtsgetrouw en correct. Onderwijl vroegen we de gegevens hiërarchisch over te maken aan de korpsleiding. We ondervonden geen enkel probleem over deze wijze van handelen.*

*Op 25 november 2015 stelden we een nieuw informatierapport op met nummer 5906.15.L. L8.RR.001235 waar eenzelfde werkwijze werd gehanteerd. De feiten die behandeld werden, hadden een uitloper tot in het Mechelse. Het rapport werd 'gevat' zoals dat*

---

98  nrs. betroffen van 5906.15. L.L.8.RR.001216 tot en met nr 1219

*in vakjargon heet, door hoofdinspecteur Tom D. Geen probleem dus qua betrouwbaarheid.*

*Op 7 december 2015 werden opnieuw drie rapporten opgesteld, één van deze droeg het nummer 5906.15.L. L8.RR.001298. Het is ondertussen algemeen gekend als het rapport dat inlichtingen bevatte over één van de mogelijke schuiladressen door Salah, Abdeslam gebruikt.*

*Geen van deze laatste drie rapporten mocht verzonden worden. In het tekstvak van elk van de drie rapporten stond vermeld: 'ON HOLD, IN AFWACHTING STANDPUNT KC⁹⁹'*

*De toenmalige adjunct korpschef nam toen het merkwaardig initiatief. Hij liet de informatie-rapporten 'on hold' zetten.*

Het ingaan tegen zoveel onwil, ja hardvochtige domheid, was onbegonnen werk.

Met pijn in het hart vroeg ik inspecteur Hamid A ... zijn contacten in Sint Jans Molenbeek zeker niet meer aan te halen en zich op de vlakte te houden, wat hij ook deed.


## IN HET OOG VAN DE STORM


» 18 maart 2016, de vatting van Salah, Abdeslam in Sint Jans Molenbeek in de Vierwindenstraat 78. De info van inspecteur H. was niet verdacht, maar loepzuiver.

» Op 21 maart 2016 diende ik een klacht in bij het Vast Comité van toezicht op de Politiediensten betreffende het opzettelijk achterhouden van de belangrijke info.
We werden bijgestaan door meester Clonen, Koen uit Antwerpen.

» 22 maart 2016, de dag van de verschrikkelijke aanslagen in Zaventem en Brussel.

---

99 KC is de afkorting van korpschef.

Men kan gerust stellen dat ons land die dag in shock was. We waren het slachtoffer van een soort blitzkrieg van een klein groepje terroristen.

» Op 25 maart 2016 van 12.00 uur tot 16.55 uur werden we bij hoogdringendheid verhoord door onderzoekers van het Comité P. Een zeer vreemd gevoel als je zelf meer dan 37 jaar verhoren hebt afgenomen.

» Uiteraard verschenen er in de pers berichten dat de politiezone Mechelen- Willebroek over nuttige info beschikte betreffende de schuilplaats van Salah, Abdeslam.

In Mechelen probeerde men zich op een bijzonder pijnlijke manier uit de nesten te werken door een stuntelige persconferentie te organiseren, waar men nog niet in staat was de naam van Salah Abdeslam correct uit te spreken. Men zwaaide in de krant met een vervalste versie van het informatierapport, de aanvankelijke gebruikscodes van het rapport werden aangepast.

-In de kranten verschenen de initialen van inspecteur H. en het was dus voor veel mensen een koud kunstje om zijn identiteit te achterhalen. Binnen de radicale scène van Sint Jans Molenbeek was men ook achter zijn identiteit gekomen. Hij kreeg de boodschap een verrader van het geloof en een landverrader te zijn. Geen prettig vooruitzicht als je weet tot welke daden deze mensen in staat waren. Het gezin van inspecteur H. liep mogelijk gevaar. Hoe groot het risico was, viel absoluut niet in te schatten. Het mocht zeker niet verwaarloosd worden. Dus naar een oplossing zoeken? Snel gezegd, maar moeilijk gedaan in die situatie.

Via een bevriende vakbondsafgevaardigde slaagde inspecteur H. erin een afspraak te versieren op het kabinet van minister Jambon. We werden ontvangen door de kabinetschef van de minister. Tijdens ons gesprek met de kabinetschef bleek men groot wantrouwen te hebben inzake ons bezoek. Men vermoedde dat we kwamen bepleiten bij de minister over het achterhouden van de inforapporten. Wanneer we de reden van ons bezoek uiteenzetten bij de kabinetschef werden we door de minister ontvangen. Minister Jambon aanhoorde ons relaas en begreep de vrees voor de veiligheid van het gezin van inspecteur H. Er werden maatregelen genomen voor de veiligheid van het gezin, uiteraard kunnen we hier niet op ingaan.

## KLACHT MET BURGERLIJKE PARTIJSTELLING

Op 07 juni 2016 diende inspecteur H.A. een klacht met burgerlijke partijstelling in bij de onderzoeksrechter, wegens stalking, laster en belediging.

Moe getergd door de beledigingen, de laster en het ingrijpen in het professionele leven deed inspecteur H.A. klacht bij de onderzoeksrechter. Na ruim 4,5 jaar onderzoek met talrijke hindernissen werd het onderzoek afgerond in het najaar 2020.

## VERSCHIJNING VOOR DE PARLEMENTAIRE ONDERZOEKSCOMMISSIE OP 5 DECEMBER 2016

Op de vernoemde datum om 14.00 uur verschenen we voor de parlementaire onderzoekscommissie achter gesloten deuren. Na mijn getuigenis was het de beurt aan inspecteur H. Daarna kwamen aan de beurt de toenmalige adjunct korpschef en de korpschef.

's Anderdaags was er slechts één kort artikeltje in de krant De Standaard met de veelzeggende titel: "Inspecteur overtuigt korpsleiding faalt". De titel van het kleine artikeltje spreekt boekdelen. En was een perfecte analyse zoals we later hoorden.

## WERKHERVATTING

Midden oktober 2017 hervatte inspecteur zijn werk bij de politie. Hij kreeg geen politioneel werk, eerst diende hij de ziekte-attesten van politiemensen in een datasysteem in te voeren. Na enkele maanden werd hij overgeplaatst naar de dienst eretekens. Hij diende administratieve nazichten te doen.

Geen operationeel politiewerk meer, hiervan was hij compleet geïsoleerd. Dit was de dank die hij ontving van de politie.


## PRELUDE TOT STRAFONDERZOEK NAAR INSPECTEUR HAMID A.

Op 27.10.2017 stuurde een familielid van inspecteur H. via zijn gsm een filmpje met een gewelddadige inhoud naar enkele vrienden. Per ongeluk stuurde hij dit filmpje ook door naar een dame aan de andere kant van het land. Deze dame nam dit niet en stapte onmiddellijk naar de plaatselijke politie om terecht aangifte te doen van het feit. Er werd een onderzoek ingesteld.

Op 04 april 2018 in de voormiddag werd het familielid van Hamid A ... verhoord als verdachte categorie III[100] door een inspectrice van de politiezone Mechelen-Willebroek. Betrokkene bekende spontaan de feiten in een zeer kort verhoor. Hij had vrijwillig zijn mobieltoestel achtergelaten zodat het kon "uitgelezen" worden door de lokale recherche. Na zijn verhoor mocht hij beschikken. Er werd geen huiszoeking verricht, de man werd verder ongemoeid gelaten.

---

100 Verdachte categorie III; verdachte van feiten waarvoor een vrijheidsstraf kan worden opgelegd. ( Salduz procedure )

Ik maakte kennis met het familielid tijdens mijn politiewerk, ik kan hem omschrijven als een bange, makkelijk te intimideren man, die een lichte mentale achterstand had.

Op 14 augustus 2018 werd 's ochtends om 05.00 uur op het adres van inspecteur H. zwaar op de deur gebeukt. Bij het openmaken van de deur presenteerden zich vier leden van de algemene inspectie met een huiszoekingsbevel. De betichting luidde "schending van het beroepsgeheim, bezit en verspreiding van kinder-pornografisch materiaal en/of verspreiding van afbeeldingen welke strijdig zijn met de goede zeden." Er werd een grondige huiszoeking op het adres uitgevoerd. De laptop, tablets van de kinderen en alle gsm-toestellen en usb-sticks werden inbeslaggenomen. Na de huiszoeking werd inspecteur H. naar Brussel overgebracht, meerbepaald naar het hoofdkwartier van de algemene inspectie om er verhoord te worden. Na het verhoor kon inspecteur Hamid A. gaan. De inbeslaggenomen zaken zouden onderzocht worden ...

Door de ontwikkelingen was inspecteur H. behoorlijk ge-schrokken en had begin september 2018 via zijn vakorganisatie rechtsbijstand gevraagd. In een gesprek op het hoofdkantoor van de vakorganisatie deelde men hem het volgende mede: "Ha-mid, ik mag je dit eigenlijk niet zeggen maar hier zijn mensen van de politie geweest en ik vrees dat ze je gaan executeren ... Resultaat geen rechtsbijstand en onzekerheid.

## DE SCHAAMTE VOORBIJ

Op 15 oktober 2018 om 13.40 uur maakte ik een praatje met een medewerker van de Algemene Inspectie in de Keizerstraat te Mechelen. Plots zag ik aan de overzijde van de straat dat in-specteur H. het justitiepaleis binnenstapte in het gezelschap van twee heren. Ik vond dit merkwaardig gezien hij in Brussel zijn standplaats en werk had.

Om 15.45 uur kreeg ik de echtgenote van H. aan de lijn. De vrouw was zwaar aangedaan en verklaarde dat haar echtgenoot naar de gevangenis van Mechelen zou worden overgebracht om er opgesloten te worden. Ik vernam van haar dat H. op 15 oktober schriftelijk was uitgenodigd om verhoord te worden door de Algemene Inspectie. Het onderzoek gebeurde op last van een Mechelse onderzoeksrechter. Na het verhoor werd hij onder aanhoudingsmandaat gesteld door de onderzoeksrechter.

Pas na de derde dag van zijn opsluiting mocht ik hem in de gevangenis van Mechelen bezoeken.

Tot mijn grote opluchting zag ik in de gevangenis geen gebroken man, maar een strijdvaardige man, met een gerust geweten.

Het lot en leed van zijn echtgenote en zijn vier kinderen woog wel zwaar op hem.

Hij deelde me letterlijk mee: *"Jan, de eerste fase van de figuurlijke executie is uitgevoerd op 15 oktober 2018."*

*Strategisch goed gekozen, daags na de gemeenteraadsverkiezingen, geen persbelangstelling; de uitslagen van de gemeenteraadsverkiezingen beheersten het nieuws.*

Het waren moeilijk momenten op dat ogenblik, maar het enige wat we konden doen was rustig afwachten en geen domme impulsieve dingen doen. Er was door de familie voor een goede en betrouwbare advocaat gezorgd die voor de bijstand zou zorgen.

Voor de Mechelse raadkamer werd het aanhoudingsmandaat bevestigd en na een beroepsprocedure voor de Kamer van Inbeschuldigingstelling werd inspecteur H. vrijgelaten, weliswaar met een enkelband.

Na enkele dagen thuis te zijn met de enkelband werd hij terug opgepakt omdat hij zijn voorwaarden zou geschonden hebben. Hij was tien minuten niet detecteerbaar geweest. Nauwelijks anderhalf uur later stond de lokale politie van Mechelen aan zijn deur in een Oost-Vlaams provinciestadje: hij werd opgepakt en opgesloten ditmaal in de hulpgevangenis van Leuven. Hij werd nog niet gehoord door de onderzoeksrechter te Mechelen. Merkwaardig, gezien inspecteur H.A. aan de hand van camerabeelden kon bewijzen niet uit zijn huis te zijn geweest.

Getriggerd door deze merkwaardige gang van zaken besloot ik discreet informatie in te winnen. Nagenoeg alle collega's die ik sprak hadden dezelfde mening. H.A. is erin geluisd, geen van de politiemensen die ik sprak geloofde iets van de feiten.

Zo vernam ik een reeks merkwaardigheden, ik zal van de voornaamste een korte opsomming geven:

» Er was bij bepaalde mensen in Mechelen grote opwinding, ja zelfs euforie ontstaan toen men wist dat Driss. H. de schoonbroer was van inspecteur H.A. Zijn mobiel telefoontoestel werd alleen door de eigen opsporingsbrigade uitgelezen en niet door de gespecialiseerde computer-crime-unit. Ook al vermoedde men dat Driss bestanden zou hebben gewist na ontvangst van de uitnodiging tot verhoor.

» bij het uitlezen van de simkaart door de opsporingsdienst werden meerdere personen vereenzelvigd die filmpjes hadden gekregen. Ze werden niet verontrust, enkel inspecteur H.A. werd geviseerd. Van inspecteur H.A. werd enkel zijn naam en telefoonnummer op de simkaart gevonden verder niets.

» het onderzoek tegen inspecteur H.A. werd geleid door de commissaris die "vergat" de opdracht van het parket Antwerpen om de r.i.r. over Salah Abdeslam door te sturen. De man was nu, in een zeer ijverige bui en liet de processen-verbaal per drager naar het parket brengen.
De commissaris ging korte tijd later op pensioen.

» er werd druk overlegd hoe men de zaak tegen inspecteur H.A. ging aanpakken. Nog voor men effectief enig bewijs had werd reeds een onderzoeksrechter gevorderd.

» De Algemene Inspectie die aangesteld werd om het onderzoek uit te voeren handelde niet snel genoeg. Ze moesten verantwoording afleggen aan het parket van Antwerpen-Mechelen omdat ze na twee maanden nog geen onderzoek gestart waren. (In Mechelen was men zeer ongeduldig)

» De huiszoeking op het thuisadres van inspecteur H.A. werd uitgevoerd door de Algemene Inspectie, samen met federale computer-crime-unit. Op dat ogenblik had men nog geen enkele concrete aanwijzing tegen hem.

» Na de huiszoeking trof men bij analyse van het gsm-toestel van Hamid A. enkele filmpjes aan. De filmpjes waren fragmenten afkomstig van openbare Arabische nieuwszenders, men kon ze omschrijven als strijdig met de goede zeden.

Wanneer inspecteur Hamid A. zijn schoonbroer meldde dat de daders van de feiten op één van de filmpjes gevat werden in Agadir legden de ijverige speurders in Mechelen dit uit als schending beroepsgeheim. Later moest men hierop terugkomen.

Deze beelden waren schokkend, maar ze konden zeker niet als pornografisch omschreven worden. Dit werd me ook bevestigd door het diensthoofd van de federale cel Kinderpornografie. De mensen van de Algemene Inspectie hadden hem de beelden voorgelegd.

Niemand van de personen die op de simkaart van Driss H. voorkwamen werden verhoord. Ook Driss H. werd niet vervolgd. Men focuste enkel op inspecteur H.

» Op dragers in beslaggenomen tijdens de huiszoeking werd inderdaad gore kinderpornografie gevonden. Het betrof een politioneel informatieonderzoek dat dateerde uit 2013. Samen met een collega hebben we moeten lobbyen om een gerechtelijk onderzoek op te starten.

Aanvankelijk vroeg ik aan de gespecialiseerde lokale opsporingsdienst een gerechtelijk onderzoek te starten. Dit gebeurde toen niet. De man die vergat de informatierapporten door te sturen was één van de twee leidinggevenden die dit onderzoek niet voerden ...

Inspecteur H.A. was in 2013 één van de onderzoekers.

Het dossier uit 2013 werd uiteindelijk geseponeerd; na een lastercampagne binnen het korps omschreef de korpsleiding het als lege doos. Ik kan u zeggen dat de beelden schokkend waren, zo waren er twee detailfoto's van verkrachtingen van minderjarigen. Gelet deze houding gaf ik opdracht dit dossier te bewaren op dragers. Deze dragers werden nu gebruikt tegen één van mijn medewerkers.

» Tijdens gans het onderzoek tegen inspecteur H.A. werd noch door de instrumenterende onderzoeksrechter, noch door de politie enige onderzoeksdaad gesteld naar de vier minderjarige kinderen van inspecteur H.A. Was men zo zeker dat er niets fout was, of hechtte men geen belang aan het welzijn van de minderjarigen? Een verschrikkelijke vraag, ik weet het! De kinderen noch de echtgenote mochten thuis het internet gebruik van de Mechelse onderzoeksrechter.

» De echtgenote van inspecteur H.A. werd tijdens gans de procedure nooit verhoord.

Het functioneren van haar echtgenoot als vader en partner was van geen belang, toch wel vreemd. Zeker als de onderzoeksrechter een psychiater aanstelde om hem psychiatrisch te onderzoeken. Voor dit onderzoek diende hij zich twee maanden vrijwillig te laten opnemen in een psychiatrische kliniek ter observatie ...

Wanneer geweigerd werd vrijwillig mee te werken aan deze procedure berustte de onderzoeksrechter. Vreemd toch als men met een pornograaf te maken had, niet?

» Na zijn vrijlating diende inspecteur H.A. zich aan te bieden in het Justitiehuis van Dendermond voor begeleiding. Wanneer hij zich aanbood in het Justitiehuis, bleek de dienst nog geen verslag van de rechtelijke overheid ontvangen te hebben.

Laat ons tot slot hopen dat de zaak over de kinderpornografie en ook deze over het stalken en de laster voor de rechtbanken kunnen behandeld worden in openbare zittingen.

Hiervoor zal moed en durf nodig zijn. Ik ben benieuwd of Vrouwe Justitia een moedige, fiere vrouw zal zijn of een bange vrouw die zich zal hullen in stille- en achterkamerrechtspraak.

## TUCHTPROCEDURE/DEELNAME
## HET FRONTEX-PROJECT

Op 23 januari 2019 diende inspecteur H.A. voor de tuchtraad te verschijnen, voor de feiten die hem ten laste werden gelegd.

Meester Fremont vroeg een procedure tot wraking aan, verwijzende naar de mail van 6 november 2018 waarin zijn cliënt bij de politietop in een slecht daglicht werd gesteld. De opsteller van de laasterlijke mail was zelfs zo arrogant dat hij aan Hamid A. een copie zond. Deze copie werd later van hogerhand van zijn account verwijderd. Als intimidatie kan dit tellen.

De wraking werd niet aanvaard, men stelde de zaak uit tot na het proces.

Inspecteur Hamid A. had zich kandidaat gesteld om deel te nemen aan het Frontex-project en vertrok op 27 maart 2019 naar zijn standplaats Malaga. Hij had de selectieprocedure doorlopen.

Hij verrichte zijn werk ginds gedreven, hij nam deel aan acties als die er waren en volgde de regionale en federale pers op in Noord-Afrika en stelde rapporten hierover op ten behoeve van de oversten.

De autoriteiten waren tevreden over zijn functioneren ter plaatse en boden hem een tweede termijn aan, gedurende het vakantieseizoen.

Een tweede afdeling naar Frontex werd hem geweigerd. Als motivatie werd gegeven dat hij het blazoen van België kon besmeuren ... Merkwaardige motivatie zou ik zo zeggen: en de eerste maal dan?

# XI

# DE PERS

## HOE OMGAAN MET DE PERS?

Als verantwoordelijke bij de politie had ik natuurlijk enige ervaring in het omgaan met de pers dacht ik. Snel werd mij één en ander duidelijk, gelukkig zonder dat ik brokken had gemaakt;

Het grote verschil met onze vroege perscontacten was dat we nu zelf mee een deeltje uitmaakten van het nieuws. Dit was zeker nieuw, men was benieuwd naar ons deel in de zaak.

In onze politieopleiding had men ons nooit aangeleerd om met de media om te gaan. Er werd enkel gehamerd op het beroepsgeheim en discretie.

Dus het zou leren worden al doende, zoals men zegt.

Kort na onze klacht bij comité P was er reeds een eerste lek, met een ernstige impact. De initialen van inspecteur H.A. verschenen quasi onmiddellijk in de pers met alle gevolgen van dien, zou iets later blijken. Binnen de politie wisten onmiddellijk veel mensen om wie het ging. Hetzelfde gold voor de Maghreb-gemeenschap. Bepaalde extreme kringen in Sint Jans Molenbeek lieten horen dat de aanbrenger van de informatie een geloofsafvallige was ... Zulk een boodschap leg je niet zomaar naast je neer en komt keihard aan.

Het stopte niet, enkele dagen later stond de ganse tekst van het inforapport inzake Salah Abdeslam in de krant ...

Op de regionale televisiezender werd met een vervalst rapport gezwaaid, zodanig zelfs dat ik kon vaststellen dat de afhandelingscode achter onze rug vervalst werd!

Je realiseert je quasi onmiddellijk dat je politiecarrière voorbij is. Alles wat je jarenlang heb opgebouwd zakt als een kaartenhuisje in elkaar. Je bent verbrand.

Je zit thuis in je ééntje te kniezen van onmacht en frustratie Zouden die journalisten onze frustraties begrijpen? Vanuit een welbepaalde kant werden we in de pers beschreven als gebruikers van onbetrouwbare, ja, ronduit slechte bronnen.

Ja, zelfs onruststokers, die probeerden hun korps te beschimpen en destabiliseren. Het voelde als slikken en kokhalzen tegelijk. Ronduit vreselijk!

Bij de populaire pers stelde men zich weinig tot geen kritische vragen over de feiten. Onderzoeksjournalisten die de feiten tot op het bod uitspitten, die hadden we nodig. Geen, laat ik ze omschrijven als 'steekvlamjournalisten', die enkel op goede scoops uit waren.

Gemakkelijker gezegd dan gedaan, maar we zouden terugkomen, zeer zeker, maar rustig en goed voorbereid en beredeneerd!

Ons eerste effectief contact met de pers was in het najaar van 2016.We werden onrechtstreeks benaderd door Pauline Liétart, een journaliste die werkte voor France 2.

De journaliste werkte aan een reportage naar aanleiding van de eerste herdenking van de aanslagen in Parijs. Ze kwam naar Brussel om het zogenaamde Belgisch luik van de aanslagen te belichten. Onze medewerking beperkte zich tot het toelichtingen van onze infogaring over radicalisme en het niet doorsturen van deze informatie.

We hadden een goed gesprek met de journaliste over radicalisme. De toenmalige burelen van het productiehuis waarvoor Liétart, Pauline werkte lagen recht tegenover de redactielokalen van het satirische weekblad Charlie Hebdo.

Langzamerhand verschenen er in de pers toch ook wel artikels van journalisten, die bronnenonderzoek deden en zo kwam aan het licht dat er niet één informatierapport opzettelijk werd achtergehouden, maar liefst zes rapporten.

Daags na het verschijnen voor de parlementaire onderzoekscommissie schreef de krant De Standaard een artikel met de sprekende titel: "Inspecteur overtuigt, korpsleiding niet". Het was een lichtpuntje, maar één zwaluw maakt de lente nog niet.

## PERSVRIJHEID IN MECHELEN?

Sommigen zullen zeggen: een rare vraag, wel we gaan u laten oordelen aan de hand van navolgend voorbeeld.

In het voorjaar van 2016 ontving de hoofdredactrice van de Gazet van Antwerpen een regelrechte dreigbrief onder de vorm van een recht op antwoord.

De aanleiding voor deze actie was het feit dat een journalist van de krant het had aangedurfd een kritisch artikel te schrijven over de juridische en politionele afhandeling van een zaak.

In het schrijven werden de grote woorden niet geschuwd, men trok de integriteit van de journalist in twijfel en beschuldigde hem van het verspreiden van desinformatie en het toebrengen van imagoschade. Men zou overgaan tot een informatiestop lastens de man als er geen recht op antwoord kwam. Straffe taal.

De brief is op vele wijze een zeer merkwaardig dokument.

In andere hoofdstukken wordt de verdere inhoud van de brief verder behandeld.

Voor hen die denken dat het sturen en intimideren van de pers alleen in dictatoriale landen gebeurt: wel, ik heb een sterk vermoeden dat dit maar schone schijn is ...

# HOE GEBRUIK JE EEN PERSLEK
## MET EEN MENGELING VAN CORRECT
## EN FAKE NEWS OM EEN
## KARAKTERMOORD TE PLEGEN?

Vaak worden de woorden perslek en fakenews gebruikt, zelden of nooit vindt men de persoon die verantwoordelijk was voor het lek of het fakenews. We gaan een perslek en fakenews beschrijven en in de mate van het mogelijke analyseren hoe dit lek doelbewust gebruikt werd om iemand zijn reputatie te ruïneren. Zware woorden, we weten het. We laten de feiten spreken en oordeel zelf.

Het voorval deed zich voor op dinsdag 06 november 2018.

- » 1°- Om 11.18 uur verscheen online bij Gazet van Antwerpen een artikel met de titel: "Mechelse politieman verdacht van het verspreiden van 'onzedelijke beelden'"
- » 2°- Om 11.28 uur werd dit artikel opgepikt en verzonden naar de politietop.

Opmerkelijk is:

- » het feit dat er tussen de publicatie online van het artikel en het verzenden per mail binnen de politietop amper tien minuten zit. Razendsnel, verwachtte men dit artikel?
- » Het artikel geeft verder een feitenrelaas en onderaan werden zes regels met kleur aangetekend door de opsteller van de mail. In deze geel aangestipte regels wordt de link gelegd met het niet doorgestuurde rapport over de verblijfplaats van Salah Abdeslam en het onderzoek van comité P dat niets opleverde … (pure fakenews)

Hoe kwam de pers aan de weet dat de zogenaamde verdachte inspecteur dezelfde was als de inspecteur die de tips gaf over Salah Abdeslam.

En het wordt nog straffer! Een tweede merkwaardigheid:

Aan tien hoge functionarissen bij de politie en het federaal parket werd een mail verstuurd in het Frans. Vrij vertaald luidde de tekst:

*"'Betreft H.A.*

*Dit relativeert des te meer, onder voorbehoud van het vermoeden van onschuld,' de geloofwaardigheid/absolute betrouwbaarheid' van de 'providentiële getuige die de aandacht van het Comité P en van de POC-'aanslagen' lang heeft gehouden met de gevolgen die we hebben voor onze gewaardeerde collega, 1 HCP J.G.*

*PS. Alain, voor gewenste voortzetting (als het nog niet gedaan is!) Zijn huidige plaats van opdracht: DRP(?) Volgens de CRC"*

Men was zo verwaand, ja zelfs zo arrogant om een kopie conform te sturen naar de man over wie de mail handelde.

Dit moet toch ook bij de rechtgeaarde bestemmelingen zijn opgevallen. Enkele dagen na het verzenden werd in de mailbox van inspecteur H. 'ingebroken' en werd de mail verwijderd.

In deze mail wordt de betrouwbaarheid en geloofwaardigheid van de providentiële getuige zoals men hem noemt ondergraven. De opsteller laat uitschijnen dat Comité P en de parlementaire onderzoekscommissie naar de aanslagen te veel aandacht aan de zaak hebben gegeven, met gevolgen voor de gewaardeerde collega J.G.

Laat me tot besluit van deze Machiavelliaanse aanpak zeggen dat de pers gebruikt werd om een karaktermoord te plegen.

# AL JAZEERA

Op 10 februari 2020 kreeg ik in mijn mailbox een mail van Abdul Alshamery producer van Noon Films-London met de vraag om een interview. Noon Films- London was een productiehuis dat werkte voor Al Jazeera. Het interview zou gaan over het niet verzenden van de informatie aangaande een mogelijk safe-house dat gebruikt werd door Salah Abdeslam. Ik vroeg en verkreeg enige bedenktijd. Men zou me later contacteren voor nadere informatie over de plaats, datum en omstandigheden van het interview.

Het verraste me eerlijk gezegd een beetje, een zender die over bijna gans de wereld actief is, toonde belangstelling voor de problematiek van het niet doorsturen van informatierapporten.

Na enig overwegen besloot ik in te gaan op de vraag van de zender, ik stelde wel enkele voorwaarden: het interview diende in mijn moedertaal te gebeuren, ik zou geen inhoudelijke vragen beantwoorden over de lotgevallen van inspecteur H. en ik zou vooral praten over de Mechelse situatie. De mensen van Noon Films gingen akkoord met mijn voorwaarden.

Op 22 februari 2020 om 10.00 uur zou het interview doorgaan in het Park Inn hotel aan het Brusselse Zuidstation.

Na anderhalf uur waren de opnames afgelopen. Of het interview is uitgezonden weten ik niet.

# XII

# HOGE RAAD VAN JUSTITIE

Gelet op de ontwikkelingen die zich hadden voorgedaan in het zogenaamd kinderporno-dossier besloot ik aanvullend aan mijn vraag tot een onderzoek bij het comité P, hetzelfde te doen bij de Hoge Raad voor de Justitie.

In mijn schrijven van 16 augustus 2019 gaf ik een samenvatting van de feiten in al zijn aspecten. Er werden drie vragen aan de Hoge raad voor Justitie voorgelegd met name:

1. Kan een grondig onderzoek ingesteld kan worden naar de justitiële afhandeling van het dossier?
2. Is het mogelijk dat de resultaten van het onderzoek van het Vast Comité van Toezicht op de Politiediensten vergeleken wordt met de onderzoeksresultaten van de Hoge Raad voor de Justitie?
3. Kan Childfocus eventueel met medewerking van de federale cel Kinderpornografie een grondig onderzoek instellen naar: de identificatie van de slachtoffertjes, de daders en naar eventuele netwerken? We hebben veel tijd verloren, maar met een verjaringstermijn van 30 jaar[101] bestaat de kans nog dat recht kan geschieden.

We zijn het de slachtoffertjes meer dan verschuldigd.

---

101 Na mijn schrijven aan de Hoge Raad van de Justitie is de verjaring afgeschaft op het misdrijf seksueel misbruik van minderjarigen op 16.10.2019.

# XIII

# RESULTATEN VAN DE GEVRAAGDE ONDERZOEKEN BIJ DE HOGE RAAD VAN DE JUSTITIE EN HET COMITÉ P

Beide eerbiedwaardige toezichtdiensten gaven me een antwoord, ik ga deze antwoorden letterlijk weergeven in de volgorde dat ik ze mocht ontvangen.

Op 15 november 2019 kreeg ik schriftelijk antwoord van de eerbiedwaardige Hoge Raad met referte N/2019/08/90

Ik geef van het schrijven van de Hoge Raad van de Justitie een letterlijke weergave.

"Geachte heer Michiels

De advies- en onderzoekscommissie heeft uw klacht grondig onderzocht.

1° Uw klacht over de rechterlijke orde.

U beklaagde zich over het gerechtelijk onderzoek waarbij de zaak in de doofpot zou gestoken zijn.
De commissie heeft besloten dat zij de klacht niet kan of mag behandelen.
U beklaagde zich direct en indirect over de inhoud van de beslissing van een magistraat.
Als bij de beëindiging van het gerechtelijk onderzoek het parket een vordering neemt tot ontlasting van de onderzoeksrechter en/of de buitenvervolgingstelling vordert wegens onvoldoende bezwaren lastens mogelijke verdachten en de raadkamer daarna besluit om de zaak niet naar de rechtbank te verwijzen dan is dat een rechterlijke

beslissing die moet worden gerespecteerd.

De Hoge Raad mag daar geen kritiek op geven, zodat wij niet bevoegd zijn om daarover iets te zeggen.

Dat staat zo in de wet (artikel 259bis-15 Ger.W)

We moeten ons hiervoor dan ook **onbevoegd** verklaren.

2° Uw klacht over de politie.

Veder beklaagde u zich over de werking van de politiediensten.

De commissie heeft beslist dat zij deze klacht niet kan of mag behandelen.

De Hoge Raad voor de Justitie is alleen bevoegd voor klachten over de werking van de rechterlijke orde (artikel 259 bis-15 van het Gerechtelijk Wetboek). De politiediensten behoren hier niet toe.

We moeten ons hiervoor dan ook onbevoegd verklaren.

U kunt zich hiervoor eventueel wenden tot de Algemene Inspectie van de Federale en Lokale Politie, Triomflaan 174 te 1160 Brussel of het Vast Comité van Toezicht op de Politiediensten (comité P) Drukpersstraat 35 bus 1 te 1000 Brussel, wat u al deed.

Uw dossier wordt hierbij afgesloten.

Met voorname achting
Christian Denoyele
Voorzitter van de Nederlandstalige advies- en onderzoekscommissie."

Van het Comité P mochten we een schrijven ontvangen gedateerd op 03.11.2020, we geven hier ook een letterlijke weergave.

*"onze ref. Dossier 2019-001543/2 stuk 2020-010814:O/hr*

*Geachte heer,*

*Het vast Comité P heeft uw schrijven van 6 oktober 2020 in goede orde ontvangen en de feiten in uw klacht aangebracht grondig onderzocht.*

*Op 5 december 2019 heeft het Vast Comité P in zijn plenaire vergadering besloten dat de elementen die u in uw klacht weerhoudt, reeds het voorwerp hebben uitgemaakt va een gerechtelijk onderzoek uitgevoerd door de rechtbank van eerste aanleg te Antwerpen, afdeling Mechelen.*

*Derhalve is het Vast Comité P van oordeel in deze zaak niet bevoegd te zijn om bijkomende of nieuw onderzoeksdaden te stellen. Met reden omkleed kan het Comité P u enkel maar verder verwijzen naar de Hoge Raad voor de Justitie die mogelijk competent lijkt in uw problematiek.*

*Hoogachtend,*
*Voor het Vast Comité P*
*Guy Cumps,*
*Ondervoorzitter."*

Vooreerst wens ik op te merken nooit het woord 'doofpot' te hebben gebruikt, zoals de voorzitter Christian Denoyele insinueerde. Ik heb deze eerbiedwaardige man schriftelijk in kennis gesteld dat ik deze insinuatie volledig voor zijn rekening liet.

De aangeschreven diensten verwaardigden zich niet eens te antwoorden op de gestelde vragen. Hun antwoorden waren ronduit ondermaats en zelfs teleurstellend. Het was zeker geen signaal van een sterke en daadkrachtige Justitie en Politie. De houding deed me denken aan deze van de Kerk van voor en tijdens de misbruiken. Men stak toen ook liever zijn kop in het zand. Zelfs geen empathisch sorry, – misschien hebben we wel een fout gemaakt – kon eraf. Gewoon naar de andere kant kijken en schermen met het woord doofpot.

Wanneer de onderzoeksrechter het onderzoek seponeerde in 2014, heb ik deze beslissing als rechtgeaard persoon aanvaard, zij het met een zeer wrang gevoel. Sommige van de beelden die van de minderjarigen werden gemaakt waren en zijn ronduit schokkend, ja walgelijk te noemen.

Het politioneel en juridisch antwoord dat toentertijd werd gegeven is ronduit beschamend en moreel noch maatschappelijk te verantwoorden!!!

Ik had de hoop dat beide toezichtdiensten zouden bijsturen om tot goede onderzoeken te komen zeker in deze MeToo–tijden.

Helaas, mijn hoop bleek ijdel en naïef. Beide diensten stuurden me van het spreekwoordelijke kastje naar de muur en terug. Sta me toe te zeggen; niet erg fraai, moedig en correct voor deze eerbiedwaardige diensten. De jonge slachtoffers verdienden een eerlijke kans, laten we toch nog proberen ...

Recht voor allen! Bevoorrechting of zelfs onschendbaarheid voor sommigen?

Waarom deze boute uitspraak, wel beste lezers, ik vraag jullie zelf een oordeel te vellen. Ik zal enkele tools aanreiken, veel succes.

Als we even de politionele afhandelingen vergelijken met, laten we ze noemen: de "zaak Mechelen" en de "zaak Chovanec".

Voor ons politiemensen twee pijnlijke zaken met grote maatschappelijke gevolgen en een zware imagoschade.

In de casus Mechelen, gaf de toenmalige politietop de opdracht om belangrijke informatie achter te houden in verschillende zaken. Een actieve houding dus. Er was nooit enig voortschrijdend inzicht, integendeel. Ze werden nooit ter verantwoording geroepen.

In de casus Chovanec deden de twee leidinggevenden een stap opzij toen de feiten bekend werden. Geen van beide leidinggevenden waren actief betrokken. Tegen hen wordt een tuchtprocedure gevoerd.

Beide officieren hadden naar mijn bescheiden mening zeker een voortschrijdend inzicht.

Zou voor Mechelen gelden: "Met een politieker op de schoot rijdt men door alle lichten op rood?[102]"
    Beschouw dit maar als een retorische vraag wat mij betreft!

---

102  Vrij naar: 'Met een rijkswachter op schoot rij je door alle lichten op rood'
      van Mark Van Halsendaele uit Koraalklippen

# XIV

# EPILOOG

Godsdienst en nationalisme bieden soms aan ontheemden een oplossing voor al hun problemen. Maar ik moet Karl Marx zijn gezegde 'godsdienst is opium voor het volk' nuanceren. Voor sommigen kan diezelfde godsdienst zo sterk hallucinerend zijn als L.S.D. waardoor ze compleet door het lint gaan. Zodat elke vorm van realiteit verloren gaat en er misdaden tegen de mensheid worden begaan in naam van hun God. We geven hier enkele voorbeelden: de heksenverbrandingen in de middeleeuwen in onze gewesten en de barbarij van de bloeddorstige moordenaars van IS in hedendaagse tijden.

In 1971 zong John Lennon " ...and, no religion too"[103]. Uit de songtekst blijkt duidelijk dat de Beatle niet echt geloofde dat godsdiensten ooit zullen verdwijnen.

Dus moeten we met het geloof beter leren omgaan en mag godsdienst nooit meer de bepalende factor zijn in een maatschappij. Het verleden heeft bewezen dat wanneer godsdienst een maatschappelijk bepalende factor wordt, zij nooit of toch moeilijk andersdenkenden accepteerde, hoogstens tolereerde. Dit gold en geldt voor alle godsdiensten.

Eerder in dit boek sprak ik over een gemiste kans toen ik het rapport van de parlementaire onderzoekscommissie besprak.

Wel, in mijn conclusie wens ik nog kort maar krachtig in te gaan op dit item. Om goed samen te leven met andere culturen moet men deze culturen leren kennen en appreciëren.

---

103 *Uit de song "Imagine" van John Lennon and the Plastic Ono Band.*

Het hoeft geen betoog dat de andere culturen hetzelfde moeten doen met onze cultuur. Respect en vertrouwen zijn in deze evolutie van cruciaal belang. Deze evolutie gaat niet snel, maar traag en sedert de jaren zestig van de vorige eeuw hebben we veel tijd verloren.

Hebben we als maatschappij zelf voldoende geïnvesteerd in de inwijkende culturen? Ik ben ervan overtuigd van niet, sommigen waren te "pamperend", anderen hadden als motto: aanpassen, assimileren of ... ophoepelen.

Dit werd dan nog gecombineerd met een zwak instroombeleid. Ik heb dit ervaren tijdens mijn politionele loopbaan. De overheid was niet sturend, maar holde met de wetgeving steeds achter de feiten aan.

Ik durf hier te stellen dat het zogenaamd "cordon sanitair" niet gewerkt heeft, zoals men ons voorhoudt. Politiek heeft het gewerkt, maar toch ook niet doeltreffend. De partij die het xenofobe gedachtengoed propageerde, is uit het bestuur gehouden. Dat is een pluspunt, maar is het gedachtengoed van deze partij ingedijkt? Neen, godverdomme, neen! Het is bijna gemeengoed geworden. Kijk naar de reacties die op sociale media werden gepost naar aanleiding van het omkomen van een Belgisch-Turkse jongen bij een bomaanslag op een dancing in Istanboel. Een kind dat accidenteel wordt doodgeschoten in een vluchtende bestelwagen van een mensenhandelaar, wel die reacties spreken boekdelen. Als men het woord islamiet vervangt door jood waant men zich in de jaren 1930!

Een medaille heeft altijd twee zijden, zegt men, ik wil ook de andere zijde bespreken. Vooreerst ik ben geen geitenwollen sok, evenmin een zogenaamd gutmensch die voor open grenzen staat; laat dit heel duidelijk zijn.

Een groot deel van mijn loopbaan kwam ik in contact met verschillende gemeenschappen in de Mechelse regio.Tijdens mijn werk stelde ik vast dat de maatschappelijke problemen vaak dezelfde waren, maar ze binnen de gemeenschappen anders werden aangevoeld. Er waren en zijn ook duidelijke verschillen, de voornaamste zijn godsdienst en taal.

Multiculturaliteit is een ware krachtbron die heel veel resultaten kan opleveren.

Maar die bij slecht of ondeskundig gebruik maatschappelijk veel schade kan aanrichten. We hebben beide facetten ondergaan, voor het positieve verwijzen we naar de garing van info. Voor het negatieve moet je het hoofdstuk Dreyfus lezen.

En dan tot slot een strikt persoonlijk dilemma.

Politie uw vriend, zegt men. Als op rust gesteld politieofficier kan ik zeggen dat op het einde van mijn loopbaan ik het verdomd moeilijk heb gehad met deze uitspraak.

Mijn geloof in de rechtsstaat is ook niet meer wat het ooit was geweest.

Eén van de eerste lessen als piepjong officier kwam van mijn toenmalige assistent, Meeuws George en luidde: "Jan, ga nooit in tegen beslissingen van de Keizerstraat (parket) want dan ben je altijd de verliezer, knoop dit goed in je oren ..."

Sorry George, het was sterker dan ikzelf, ik moest het gewoon doen en ik zou het terug doen met nog meer inzet!

Maar ik wil positief afsluiten, ons politieapparaat en ons rechtssysteem zijn niet slecht. Neen, ze zijn goed, steengoed.

Dit gaat echter niet op voor alle mensen die er werken, sommigen zijn top, anderen zijn gewoon slecht en dom! Misschien hadden Hamid en ikzelf wel ongeluk en kwamen we op het einde van onze loopbaan in Mechelen vooral deze laatsten tegen.

Het negativisme dat we van enkelingen ondervonden, werd ruimschoots goedgemaakt door het positivisme en het vertrouwen van de vele oprechte Mechelaars. Van harte dank!

Einde.

# XV

# BEDANKING

Vooreerst wil ik mijn liefhebbende echtgenote Els voor haar onvoorwaardelijke steun bedanken uit de grond van mijn hart. Het moet voor haar bij momenten moeilijk, zeer moeilijk zijn geweest. Zonder haar zou het moeilijk, zo niet onmogelijk zijn geweest dit project tot een goed einde te brengen. We zijn altijd samen door moeilijke periodes gegaan en wij niet alleen. Maar samen met de anderen zijn we er allemaal veel sterker uitgekomen, met veel vechtlust, doorzettingsvermogen en drang naar rechtvaardigheid.

Hamid A. van harte bedankt voor je linguïstieke steun, kennis en duiding van de Arabische wereld, gewoon top. Ik wist het te waarderen als geen ander.

En ja, samen hebben we, onverschrokken en eigenzinnig, vele watertjes doorzwommen, soms zeer woelige, maar altijd tot we vaste voet aan de grond kregen.

Correctheid en respect voor de wet was steeds onze leidraad.

In het bijzonder wil ik mijn collega Veerle bedanken voor haar oprechtheid en correctheid, ondanks de bedreigingen, beledigingen en druk. Zij is iemand met ... power. Gewoon een topmadam.

Ronny, H. waardeer en bedank ik voor zijn steun, loyaliteit en luisterend oor. Hij was mijn oude buurman en was ook de man die mijn eerste stappen in de politie-jungle als mentor begeleidde.

De loyale en gedreven medewerkers van de cel Vreemdelingen van de politie Mechelen hebben innoverend gewerkt. Door tomeloos en hard te werken als het nodig was, hebben we echt wel een steen(tje) in de rivier verlegd. Hééél veel respect, dank en waardering uit het diepst van mijn hart.

Carl wil ik ook van harte bedanken voor zijn steun en natuurlijk ook voor zijn strijdlust in de lange strijd die we voerden, ieder op onze manier.

Dank aan mijn dokter Esther M. voor haar begeleiding en steun tijdens de moeilijke momenten.

de eerste korpschef Van Daele, Ronny van de lokale politie Mechelen (2001-2007) willen we ook danken. Hij gaf ons het vertrouwen de cel Vreemdelingen op te starten en uit te bouwen.

mijn bijzondere dank gaat uit naar de Mechelse allochtone gemeenschap. We hebben samengewerkt op een gelijkwaardige basis. Beurtelings waren we soms ontgoocheld, maar nooit hebben we opgegeven. Speciaal wil ik imam Bouzakoura, Mohamed, en de voorzitters van de beide moskees met name Mohamed Ali en Hassan Mesbah bedanken. Laatstgenoemde kreeg niet de erkenning die hij verdiende.

Postuum ook mijn dank aan mijn schoonvader Pol, als gewezen handelsrechter was hij mijn eminence grise in mijn queeste naar de waarheid.

Aan collega en vriend Johan voor het nalezen van mijn tekst.

en tensotte veel dank aan de mensen van de uitgeverij voor hun hulp en steun.

**MICHIELS, JAN**

# XVI

# BIJLAGEN

Bijlage: "Racisme bij de Mechelse Politie: 'Dit korps is compleet verrot. Vooral aan de top'"(bron weekblad Knack)

Bijlage: de foto van de poort in de Schaalstraat

Bijlage de rapporten die de Mechelse korpsleiding blokkeerde (bron weekblad Knack)

Bijlage "Mechelse politieman overtuigt, korpsleiding niet" artikel uit krant (bron De Standaard)

ERZ FÜR AUTOREN A HEART FOR AUTHORS À L'ÉCOUTE DES AUTEURS MIA KAPΔIA ΓIA ΣYΓΓΡ
HARTA FÖR FÖRFATTARE UN CORAZÓN POR LOS AUTORES YAZARLARIMIZA GÖNÜL VERELIM SZÍV
ORE PER AUTORI ET HJERTE FOR FORFATTERE EEN HART VOOR SCHRIJVERS TEMOS OS AUTOF
ERZÖINKÉRT SERCE DLA AUTORÓW EIN HERZ FÜR AUTOREN A HEART FOR AUTHORS À L'ÉCOUT
RAÇÃO ВСЕЙ ДУШОЙ К АВТОРАМ ETT HJÄRTA FÖR FÖRFATTARE Á LA ESCUCHA DE LOS AUTOR
EURS MIA KAPΔIÁ ΓIA ΣYΓΓΡAΦEIΣ UN CUORE PER AUTORI ET HJERTE FOR FORFATTERE EEN H
VEM ERZÖINKÉRT SERCE DLA AUTORÓW EIN HERZ FÜR
SCHRI MOS ORAÇÃO ВСЕЙ ДУШОЙ К АВТОРАМ ETT HJÄRTA FÖR

# De auteur

Jan Michiels (1957) is geboren en getogen in Mechelen. Als student was hij zeer geboeid door vreemde
culturen, geschiedenis, kunstgeschiedenis en sociale
politiek. Hij koos voor de opleiding tot politieofficier
en heeft dat beroep vanaf jonge leeftijd (24 j.) tot
aan het einde van zijn loopbaan uitgeoefend. In
totaal tekende Michiels voor 37 jaar politiedienst in
zijn eigen woonplaats Mechelen. In zijn vrije tijd doet
Michiels aan watersport, fietsen en wandelen. Zijn
grote interesse in andere culturen is nooit vermin-
derd. Integendeel zelfs, het was een belangrijk thema tijdens zijn loopbaan bij de politie. Nooit verloor
hij zijn inzet en sterke gevoel voor rechtvaardigheid.
Oprechte getuigenis is Michiels' eerste boek. Jan
Michiels is gehuwd en heeft een dochter.

# De uitgeverij

*"Wie ophoudt
beter te worden
is opgehouden
goed te zijn!*

Op basis van dit motto zoekt uitgeverij novum
steeds nieuwe manuscripten! Ondertussen zijn wij in
Nederland, Duitsland, Oostenrijk en Zwitserland dé
specialist voor nieuwe auteurs.

**Elk manuscript dat wij ontvangen wordt gratis
door onze redactie beoordeeld.**

Meer informatie over onze uitgeverij en over onze
boeken kunt u op online vinden onder:

www.novumpublishing.nl